76a

ISIS ET OSIRIS

DU MÊME AUTEUR

Pour s'asseoir au foyer de la Maison des Dieux, Éd. Véga.
Un camp de représailles — F.R.K. *III*, Berger-Levrault, 1919 (épuisé).
La Légende dorée des Dieux et des Héros, Albin Michel.
Récits sacrés de l'Ancien et du Nouveau Testaments, Albin Michel.
La légende de Socrate, Albin Michel.
Apollonius de Tyane, Grasset.
Achille aux pieds légers, Le Sagittaire (épuisé).

TRADUCTIONS :

Sapho, *Anacréon et Anacréontiques*, Grasset.
Platon, *Le Banquet ou de l'Amour*, Albin Michel.
Platon, *Phèdre ou l'immortalité de l'Âme*, Albin Michel.
Euripide, *Les Bacchantes*, Payot (épuisé).
Femmes Pythagoriciennes, lettres et fragments, Artisan du Livre.
Aristote, *Cléanthe et Proclus*, Hymnes Philosophiques, Artisan du Livre.
Aristophane, *Les oiseaux*, Artisan du Livre (épuisé).
Salluste le Philosophe, *Des Dieux et du monde*, Véga.
Marc-Aurèle, *Pensées pour moi-même*, Garnier-Flammarion.
Lucien, *Dialogue des Dieux*, Laffont.
Sophocle, Trois tragédies : *Œdipe-Roi, Œdipe à Colone, Antigone*, Albin Michel.
Synésius de Cyrène, *Hymnes*, Albin Michel.
Platon, *Phèdre*, Albin Michel.
Homère, *L'Iliade*, Albin Michel.
Homère, *L'Odyssée*, Albin Michel.

A PARAÎTRE aux Éditions de la Maisnie :

Pythagore, *Les Vers d'Or*. Hiéroclès, commentaire sur les Vers d'Or des Pythagoriciens, traduction par Mario Meunier.
Lucien de Samosate, *La Déesse syrienne*, traduction par Mario Meunier.
Nounos de Pannopolis, *Les Dionysiaques*, traduction, avant-propos et notes par Mario Meunier.

PLUTARQUE

ISIS ET OSIRIS

TRADUCTION NOUVELLE
AVEC AVANT-PROPOS, PROLÉGOMÈNES ET NOTES

PAR

MARIO MEUNIER

Θειότητος ὄρεξίς ἐστιν ἡ τῆς
ἀληθείας ἔφεσις.
La recherche de la Vérité est un
désir de la Divinité.
PLUTARQUE, *De Iside*, 2.

Guy TRÉDANIEL

ÉDITIONS DE LA MAISNIE
76, rue Claude-Bernard
75005 PARIS

ISBN 2-85707-045-4

© ÉDITIONS DE LA MAISNIE

La loi du 11 mars 1957 interdit les copies ou reproductions destinées à une utilisation collective. Toute représentation ou reproduction intégrale ou partielle faite par quelque procédé que ce soit, sans le consentement de l'auteur ou de ses ayants cause, est illicite et constitue une contrefaçon sanctionnée par les articles 425 et suivants du Code Pénal.

A MADEMOISELLE

HILDA GÉLIS-DIDOT

AVANT-PROPOS

Depuis longtemps déjà l'œuvre entière de Plutarque est à la portée du public français. Toutefois, ses Vies des Hommes Illustres *sont beaucoup plus connues que ses* Œuvres Morales. *Et pourtant, quelle mine inépuisable pour l'histoire des Religions et de la Pensée humaine constituent ces dernières! C'est pour remédier, dans la mesure de nos moyens, à ce fâcheux état d'oubli que nous avons pensé faire œuvre utile et nécessaire, en essayant en français une nouvelle version de ce* Commentaire de la Théologie et de la Philosophie égyptiennes *qu'est, pour Amyot, le fameux opuscule écrit par Plutarque, dans un temps qui n'est pas sans rappeler le nôtre,* Sur Isis et Osiris. *Amyot, Ricard et Bétolaud s'y sont essayés avant nous. Mais l'inimitable version de son premier traducteur est une œuvre où l'on lit moins Plutarque qu'Amyot. «Rapprochée du texte, écrit* O. Gréard *dans sa* Morale de Plutarque, la version de Ricard *est, dans sa teneur générale, d'une élégance superficielle et d'une fidélité peu approfondie.* » *Quant à la très louable traduction de Victor Bétolaud, si elle est encore par endroits inexacte, passablement décolorée et lourde, elle a le grand mérite d'être notoirement plus fidèle et plus suivie que les tentatives de ses deux devanciers. Pour nous, en nous appliquant à retraduire cette œuvre difficile, nous avons cru devoir ajouter à nos notes, sans empiéter toutefois sur le domaine de l'égyptologie, tout ce qui, dans les travaux des tout derniers égyptologues, nous avait aidé à mieux entendre et à mieux lire le texte de Plutarque.*

Notre traduction a été faite, pour la plus grande partie, sur le texte le plus récent des Œuvres Morales de Plutarque : Plutarchi Chæronensis Moralia, *recognovit* Gregorius N. Bernardakis, *vol. II, Lipsiae, in aedibus B. G. Teubneri, MDCCCLXXXIX. Toutefois, nous avons cru, en de nombreux passages, qu'il était mieux de s'en tenir aux deux textes, moins aventureusement amendés selon nous, qu'ont publiés :* Fr. Dübner, *aux éditions Didot, Paris, 1841, et* Gust. Parthey, *Berlin, 1850. Nous nous sommes aidé des traductions suivantes :* Amyot, 1574 ; Dominique Ricard, 1783 ; Victor Bétolaud, 1870.

PROLÉGOMÈNES

Entre toutes les *Œuvres morales* de Plutarque, s'il en est une qui caractérise indubitablement le mouvement d'idées que cet écrivain représente, et qui porte la marque indélébile des préoccupations du temps durant lequel écrivit et vécut ce prêtre d'Apollon, c'est assurément le traité qu'il intitula *Sur Isis et Osiris*[1].

Enthousiaste et fidèle disciple de Platon, mais du Platon idéaliste, religieux et mystique, Plutarque fut aussi l'adepte fervent et convaincu de ce néopythagorisme qui, dans le courant du Ier siècle avant l'ère chrétienne, après avoir pris naissance dans la cité d'Alexandrie, semble être devenu un des composants les plus marqués de l'atmosphère intellectuelle de cette époque éclectique et mystique. Le but essentiel de cette

---

[1]. Sur Plutarque et son temps, on trouvera dans la bibliographie qui précède la thèse de M. B. LATZARUS, intitulée *Les idées religieuses de Plutarque*, Paris, 1920, et au chapitre intitulé *L'époque de Plutarque*, l'indication des travaux les plus remarquables qui peuvent utilement renseigner sur cette curieuse époque.

curieuse école, qui cherchait, tant par la voie religieuse que par la voie philosophique, à trouver sa raison théorique et pratique dans le sentiment du divin, consistait, écrit G. Toussaint[1], « à se faire de la divinité et des dieux une plus haute idée que celle de la croyance populaire et de la superstition. Elle prit pour guide, ce semble, ce précepte de Pythagore, que le devoir de l'homme est moins d'offrir des sacrifices matériels que de mener une vie pure et sans tache, et d'imiter ainsi la divinité, philosophie très haute, sorte de culte spirituel en esprit et en vérité qui, sans toucher au panthéon national, permettait d'avoir sur Dieu des idées très élevées et de se mettre en rapport d'union avec lui, par la pureté de vie et par des initiations. »

Pour Plutarque, en effet, comme pour tous les esprits éclairés de ce temps, les mythes religieux enveloppaient et cachaient des vérités profondes. Passant pour les oracles du divin dans le monde, ces vérités ne pouvaient être, sous des voiles divers, que partout identiques. Émanant du Dieu-Un, la Vérité est une, croyait-on, et si l'intelligence, qui partout perçoit la même vérité, est une en sa pensée, le Verbe, ou l'expression de la pensée, ne peut aussi partout que dévoiler et

---

1. *L'Hellénisme et l'apôtre Paul*, p. 164.

chanter la même vérité. Cette vérité, la Providence l'avait implantée avec la vie dans toutes les âmes humaines, et accordée dans sa justice à tous les peuples du monde. En vertu de ce don et de cette révélation, les religions de toutes les nations, comme toutes leurs sagesses, sous des dehors variés et des mots plus ou moins différents, manifestaient la même connaissance commune à tous les hommes. Or, disait déjà Héraclite, « *ceux qui parlent avec intelligence doivent se tenir fermes à ce qui est commun à tous.* » Et, que pouvait-il y avoir de plus commun à tous, à tous les sages surtout, dans une époque que tourmentait le besoin du divin, qui recherchait avec un zèle universel tout ce qui pouvait nourrir les âmes religieuses, que la conscience de Dieu, que la notion plus ou moins claire d'un Être souverain, que la croyance au triomphe de l'ordre, de la juste mesure et de la raison du Bien? Ne voyait-on pas d'ailleurs que l'esprit humain, en participant à la vérité qui est commune à tous, avait été nécessairement conduit à obéir partout aux mêmes lois, à s'exprimer par de mêmes symboles, à se servir de coutumes pareilles, et à se consoler en de mêmes espoirs? Pour mieux expliquer cette identité foncière de l'esprit de notre race, pour rendre raison de ce mystérieux phénomène, on prétendait aussi que l'homme et l'univers étaient tissés partout d'une trame commune, et que l'âme humaine, en se repliant sur elle-même, retrouvait en tous les lieux les plus distants du monde, les mêmes forces en action, et s'y sentait partout de toutes parts pénétrée par la vie continue de l'Ame Universelle. Dans l'impossibilité de définir la cause dont émanait cette Ame, et de nommer Celui que tout nom diminue, les sages de ce temps se contentaient d'essayer de comprendre ce que comportait entre elles d'unité, la multiplicité des formes religieuses que l'homme avait créées pour extérioriser son besoin d'adorer. Si les multiples expressions d'une croyance anonyme et commune ne leur apprenaient rien sur la vérité de cet Être insondable, elles affirmaient au moins sa souveraine présence dans l'âme de tous les peuples qui respiraient sur terre. Par esprit religieux et pour s'unir à tout le divin que le cœur humain contenait, ces mêmes sages s'appliquaient à s'instruire de toutes les formes de sensibilité religieuse ; ils approuvaient toutes celles qui ne s'opposaient pas à l'idée générale qu'ils se faisaient de Dieu, et, en cette divine théorie de cultes dissemblables, leur pensée trouvait et adorait les multiples rayons d'un soleil identique. Chaque forme adorée leur révélait un profil du mystère, un aspect de puissance, un éclat de lumière. Mais, s'il était digne d'un sage, au dire de Proclus, d'être l'hiérophante du monde entier et l'initié de tous les cultes, la suprême sagesse exigeait qu'il ne se bornât pas à l'exclusive adoration d'un dieu déterminé ; il fallait toujours aller plus loin que le contour arrêté d'un aspect, et ne révérer dans toute sa pureté que le seul Dieu qui vit par delà toute forme et qui habite plus haut que n'atteint la pensée.

Convaincu de l'unité essentielle de tous les cultes, Plutarque, comme Hérodote d'ailleurs[1], croyait que tous les types divins, quel que soit leur pays d'origine, leurs formes variables et leurs noms différents, ne pouvaient être qu'identiques, car ils ne manifestaient, et ne pouvaient manifester, que les aspirations et les conceptions de la même âme humaine. Aussi, quand les Grecs identifiaient leurs dieux avec les dieux étrangers, ils se basaient moins sur leur apparence que sur l'idée qu'elle représentait. Il en était de même dans les initiations. Substantiellement identique, l'initiation était une. Elle avait partout le même objet, et tous les initiés, en quelque lieu qu'ils célébrassent leurs mystères, aspiraient en principe, bien que par des rites divers et par la grâce de formules différentes, au même but. On ne saurait donc s'étonner sans

---

1. II, 3.

méprise de ce que Plutarque, préoccupé avec toute son époque de l'unité divine, n'ait vu partout qu'un même dieu sous des dieux différents, et qu'une même pensée sous des mythes divers. La philosophie, comme l'initiation, ayant conduit, par la raison et par le cœur, l'esprit humain jusqu'à Dieu, Plutarque, pour élargir cette notion divine, devait être amené à étudier dans les religions des peuples ses modifications, à les concilier, et à réintégrer ces divergences apparentes dans l'unité de leur point de départ. Théologien autant que philosophe, il croyait d'ailleurs, comme Maxime de Tyr[1], que les philosophies les plus célèbres avaient emprunté le meilleur de leurs théories, en ce qu'elles ont de vrai, de durable et de fécond, aux traditions religieuses de l'humanité. La sagesse pour lui était une prêtrise d'un culte universel, et l'explication religieuse du monde, par le fait même qu'elle était née la première et qu'elle avait satisfait, à l'origine des temps, le besoin de connaître et la curiosité de savoir des hommes d'autrefois plus près de Dieu que nous, devait toujours rester l'explication la plus valable, la plus philosophique, au vrai sens du mot. Comme ses maîtres préférés, Pythagore et Platon, Plutarque fut attiré par l'Égypte. Or,

---

1. *Dissert.*, VIII, XI, XIV, XVII, XVIII.

pour légitimer son exégèse grecque de la religion égyptienne, cet écrivain n'avait qu'à faire appel aux traditions sacrées, et qu'à se rappeler tout ce que le *Timée* et tout ce que la *République* semblent devoir à la pensée mystique de l'Égypte. En effet, à part quelques traces évidentes de néopythagorisme, tout est platonicien dans l'exégèse que nous laissa Plutarque du mythe d'Isis et d'Osiris. Pour lui, comme pour Platon, en vertu des lois analogiques qui se répondent à tous les plans et s'accordent avec tous les aspects du monde organisé, le mythe est à la fois réel et symbolique : réel en ce qu'il peut s'appliquer au soleil, à la lune, à la végétation, au Nil ; symbolique, car il nous révèle, à tous les degrés du mouvement de la vie, la puissance divine en action, l'Intelligence agissante et la Providence au service de l'ordre. Pour sa part, Plutarque, écrivent MM. A. et M. Croiset[1], « retrouve dans le mythe d'Isis la conception dualistique de Platon, où Dieu s'oppose à la matière. Méthode applicable, selon lui, à toutes les religions, car toutes, en ce qu'elles ont de sain, ne sont que des formes locales, héréditaires, d'une même croyance universelle, des manières diverses de proclamer les mêmes vérités. Et la sagesse est pour chacun de

1. *Hist. de la Littér. grecque*, t. III, p. 510 sq.

rester fidèle aux pratiques de ses pères, en remontant par la raison jusqu'aux idées simples qu'elles impliquent, et que la philosophie met en lumière. Voilà comment, sans sortir de l'hellénisme, ou plutôt grâce aux ressources que l'hellénisme lui offrait, il s'élève à l'idée d'une religion universelle, qui rapprocherait tous les hommes, sans les arracher à leurs cultes particuliers. »

Cette exégèse pourtant, si elle provient de Grèce, s'appuie sur des données purement égyptiennes. Tous les égyptologues sont d'accord sur ce point[1]. Pour montrer en quelle estime ils tiennent ce traité, et de quelle aide il est pour eux, nous ne saurions mieux faire que de citer l'opinion d'un des plus remarquables égyptologues français.

---

1. « Tous les faits qui précèdent, dit C. SOURDILLE, dans *Hérodote et la Religion de l'Égypte*, p. 80, après avoir cité quelques passages du traité *Sur Isis et Osiris*, trouvent, dans des documents *authentiquement égyptiens*, leur confirmation »; et il ajoute plus loin, p. 96, qu'il n'est pas douteux que Plutarque « soit bien informé, en général, de ce qui concerne la religion égyptienne. » Mais comment Plutarque s'est-il documenté ? Nous savons, par une affirmation nette et simple, *Symposiaca*, V, 5, 1, que Plutarque a visité l'Égypte, et qu'il se rendit à Alexandrie. Il parle des Mystères d'Isis et d'Osiris, *De Iside*, 28, 35, comme s'il était initié. Il a lu et il cite tout ce que les Grecs ont écrit sur l'Égypte, d'Hellaniços à Manéthon. Sur la documentation et les sources de Plutarque, cf. WELLMANN, *Ægyptiaca*, Hermès, 1896, t. XXI, p. 221 sqq. ; H. RITTER, *Histoire de la philosophie*, trad. Tissot, t. IV, p. 406-427 ; B. LATZARUS, *Les Idées religieuses de Plutarque*, p. 15-17, 35-49 ; ISIDORE LÉVY, *Malcandre*, dans la *Revue Archéologique*, juin-juillet 1904, p. 390.

« Les scribes, dit Eugène Lefébure[1], s'adressaient aux Égyptiens et non aux égyptologues, de sorte qu'ils n'ont fait qu'effleurer les anciennes légendes dont ils nous laissent à recomposer le tableau ; ils ne les exposent pas, ils les supposent. L'antiquité grecque, heureusement, avait été initiée d'une manière de moins en moins incomplète à ces Mystères, et Diodore, Hérodote, *Plutarque surtout,* nous offrent un riche trésor de renseignements qu'on n'a pas encore épuisé. Ils ont dû, pour expliquer d'une façon claire les croyances et les coutumes religieuses de l'Égypte à leurs compatriotes, donner aux faits qu'ils racontent leur liaison et leur place ; en les remettant ainsi à la lumière qui accompagne une narration suivie, ils rendent, malgré de fréquentes inexactitudes de détail, un sens général aux mille indications éparses dans les manuscrits et les papyrus. Sans le secours précieux qu'ils apportent à la science, ce serait presque aussi difficile de retrouver la clef des événements mythologiques du cycle osirien, que de refaire l'histoire du Christ en ne s'aidant que des proses et des hymnes contenus dans les missels. »

Mario Meunier.

Paris, 1924.

[1]. *Le Mythe Osirien*, sect. I, *Les Yeux d'Horus*, p. 9-10.

ISIS ET OSIRIS

1. Il faut sans doute, ô Cléa[1], que les esprits sensés demandent aux dieux tous les biens, mais c'est surtout à la connaissance des dieux qu'il faut, autant que l'homme en est capable, s'attacher, en les priant de vouloir bien eux-mêmes nous l'accorder. L'homme, en effet, ne peut rien obtenir de plus grand, et la divinité ne peut rien concéder de plus auguste que la vérité. Tous les autres biens, Dieu les cède aux hommes pour subvenir à leurs besoins ; mais, en leur communiquant l'intelligence et la sagesse, c'est à des attributs qui lui sont propres et dont il fait un usage constant, qu'il leur permet de participer.

---

1. C'est à Cléa, grecque d'origine et non pas égyptienne, comme le prétend Louis Ménard, *Études sur les Livres Hermétiques*, p. xx, que Plutarque dédia aussi son traité *Sur les Vertus des Femmes*. Nous savons, par ce premier opuscule, qu'elle était d'une naissance distinguée et qu'elle avait de nombreuses lectures. Dans le traité *Sur Isis et Osiris*, Plutarque ajoutera qu'elle était initiée aux Mystères osiriens et qu'elle présidait les Thyades de Delphes.

Ce n'est, en effet, ni l'argent ni l'or qui constituent la félicité divine ; ce n'est ni le tonnerre ni la foudre qui établissent sa puissance : c'est la science et la sagesse. Jamais Homère, dans tout ce qu'il dit des dieux, n'a mieux parlé que quand il s'écrie : « *Ils ont tous deux une même origine et une même patrie; mais Zeus est né le premier et sa science est plus grande*[1]. » Ce poète nous fait ainsi connaître, que si la prééminence de Zeus est plus auguste, c'est qu'elle se fonde sur une plus vaste science et sur une plus vénérable sagesse. Je pense aussi que le bonheur de l'existence éternelle, qui est l'apanage de Dieu, consiste en ceci, à savoir que rien de tout ce qui est ne peut échapper à sa connaissance. Si on lui enlevait la possibilité de connaître la vérité et de la concevoir, son immortalité ne serait plus une vie, mais une durée de temps.

2. Voilà pourquoi c'est aspirer à la divinité que désirer la vérité, surtout la vérité qui touche à ce qui concerne les dieux. Ce désir est comme une admission aux choses saintes ; il nous incite à nous en instruire et à les rechercher, et nous dirige ainsi vers une activité plus sanctifiante

---

1. Homère parle en ces vers de Zeus et de Poséidon. Cf. *Iliade*, XIII, vers 354-355.

que toute purification et que toute fonction sacerdotale, activité agréable surtout à cette Déesse sage et amie de la sagesse, à laquelle tu as voué un culte particulier. En effet, le nom même qu'elle porte semble dire que le savoir et la science ne conviennent à nulle autre plus qu'à elle. Isis est un mot grec en effet, aussi bien que le nom de Typhon[1]. Ennemi de cette divinité, Typhon est *aveuglé* par la fumée de l'ignorance et de l'erreur ; il ne s'emploie qu'à déchiqueter et qu'à ternir la parole sacrée. Mais la Déesse Isis sait la rassembler en son intégrité, la maintenir en son ordre, et la transmettre aux initiés qui se consacrent au culte de sa divinité. Effecti-

---

[1]. Le nom d'Isis viendrait, d'après Plutarque, qui donne ici à un mot égyptien une étymologie étrangère, de certains temps du verbe grec, εἰδέναι, empruntés au vieux verbe ἴσημι, savoir ; et Typhon, d'un autre verbe grec, τύφειν, *faire fumer, aveugler*. Les Grecs considéraient Typhon, tantôt comme le génie monstrueux de l'ouragan destructeur, tantôt comme le géant révolté dont le souffle fumeux s'échappe des volcans. Cf. Decharme, *Mythologie de la Grèce antique*, p. 275-276. Dans la Mythologie égyptienne, Typhon est le meurtrier d'Osiris, le désert aride, le vent brûlant qui dessèche et consume toute végétation, les ténèbres et le principe du mal. Sur Typhon, cf. Ed. Meyer, *Set-Typhon*. Pour E. Grébaut, Isis, divinité femme, symbolisait la manifestation divine par la lumière. Cette Déesse lumineuse se confondit, avec le temps, avec Mâ, la *Vérité*, la fille du Soleil. Cf. *Recueil des Travaux*, t. I, *Des deux yeux du disque solaire*, p. 127, 131.

vement, en les astreignant à suivre un régime constamment modéré, à s'abstenir de mets abondants et des plaisirs d'Aphrodite, elle amortit en eux l'intempérance et la sensualité. Rendus ainsi inaccessibles à la mollesse, elle les habitue à persister dans les saintes pratiques d'une constante dévotion, pratiques dont la fin est d'obtenir la connaissance de l'Être premier, souverain, accessible à la seule intelligence — de l'Être que la Déesse Isis nous encourage à rechercher auprès d'elle, car il vit et réside avec elle. D'ailleurs, le nom même qu'a reçu le temple de la Déesse indique clairement qu'il abrite la connaissance et la science de l'Être qui est. Ce temple, en effet, se dénomme « Iséion[1] », c'est-à-dire la maison dans

---

1. Le temple consacré à Isis s'appelait effectivement « *Iséion* », et Plutarque fait dériver ce mot de la même racine qui sert, d'après lui, à former le nom de la Déesse. Toutefois, l'hiéroglyphe qui forme le mot Isis sert à écrire le mot *demeure, résidence, séjour, siège*. Cf. E. Lefébure, *Le Mythe Osirien*, sect. II, *Osiris*, p. 134-135. Plutarque semble bien ne pas l'ignorer, puisqu'il nous dit ici qu'Isis *vit avec* et *cohabite* avec l'Être premier, et qu'il affirme encore, au paragraphe 56 de ce traité, qu'Isis est le *siège* et le *réceptacle* de la génération. L'*Iséion* n'était pas seulement qu'un temple ; des salles réservées aux fidèles l'entouraient, servaient à leurs réunions, à leurs exercices spirituels, à leur instruction : c'était déjà comme l'*ecclesia* des chrétiens. Cf. Moret, *Rois et Dieux d'Égypte*, p. 173.

laquelle nous pouvons acquérir la science de l'Être, si nous pénétrons pieusement et avec attention dans les sanctuaires consacrés à Isis.

3. Bien plus, plusieurs autorités rapportent qu'Isis est la fille d'Hermès ; d'autres, non moins nombreuses, prétendent qu'elle est la fille de Prométhée. Les uns appuient leur assertion sur ce que Prométhée passe pour l'inventeur de la sagesse et de la prévoyance ; les autres, sur ce qu'Hermès est regardé comme ayant découvert l'écriture et la musique. Telle est aussi la raison pour laquelle, à Hermopolis, on appelle Isis en même temps que Justice, la première des Muses [1]. C'est pour indiquer, comme nous l'avons dit, que la sagesse est en elle, et qu'elle révèle les choses divines à ceux qui véritablement et juste-

---

1. Hermopolis est une ville de la Haute Égypte. Son dieu principal était Thot, ou Hermès. Plutarque, au paragraphe 55 de ce traité, nous dira comment ce dieu se fabriqua sa lyre. Dieu de la Musique et du Verbe, Thot en effet fit naître ses dieux parèdres *en émettant des sons de sa bouche*. Cf. MASPERO, *Bibliothèque égyptologique, Études d'Archéol. et de Mythol. égyptiennes*, t. II, p. 373-374. Les Égyptiens ne séparaient pas la Vérité-Justice de l'Intelligence suprême. C'était en agissant selon la vérité que l'homme se conformait à la réalité, à la justice suprême, à l'ordre et à la loi. Sur la vérité comme principe de l'ordre universel, cf. P. VIREY, *La Religion de l'ancienne Égypte*, p. 80-90. Cet ordre, créé par l'Intelligence manifestée par le Verbe, s'identifiait à Isis-Justice.

ment méritent d'être appelés Hiérophores et Hiérostoles[1]. Les premiers sont ceux qui, possédant les doctrines sacrées relatives aux dieux, les gardant pures de toute superstition et de toute indiscrétion, les portent dans leur âme comme en un ciste saint. Les seconds, pour nous donner à entendre que les doctrines concernant les dieux sont en partie obscures et enveloppées d'ombre, et en partie claires et brillantes, revêtent les statues d'un costume sacré qui manifeste ces différents aspects. D'ailleurs, en recouvrant

---

1. Les *Hiérophores* étaient des prêtres qui portaient, dans les pompes d'Isis, le *ciste* ou la corbeille dans laquelle, au dire d'APULÉE, *Métam.*, liv. XI, « étaient renfermés les objets sacrés, et qui dérobait à tous les regards les mystères cachés de la sublime religion. » Les *Hiérostoles*, croit-on, avec le soin de la garde-robe des Dieux, avaient la charge d'habiller et d'orner leurs statues. Sur le sacerdoce égyptien, cf. OTTO WALTER, *Priester und Tempel im hellenistischen Ægypten*, p. 75 sq. Sur les ressemblances et les analogies réelles qui existent entre la formation, la vie et l'organisation du sacerdoce égyptien et du sacerdoce éleusinien, cf. P. FOUCARD, *Les Mystères d'Éleusis*, p. 227-230. « Les Athéniens, dit en effet DIODORE DE SICILE, I, 29, observent à Éleusis les mêmes rites que les Égyptiens ; car les Eumolpides dérivent des prêtres Égyptiens, et les hérauts des Pastophores. » Les pastophores étaient des prêtres chargés de porter dans les processions de petits *naos*, où étaient renfermées les statues divines. On les confond avec les hiérophores. Cf. A. MORET, *Rois et Dieux d'Égypte*, p. 174. Voir aussi G. LAFAYE, *Hist. du culte des divinités d'Alexandrie*, p. 131 155.

aussi de vêtements semblables les prêtres d'Isis qui viennent de mourir, on veut ainsi marquer que la parole divine est avec eux, et qu'ils se rendent en l'autre vie sans emporter rien autre que cette seule parole. Ce n'est pas en effet, ô Cléa, l'habitude d'entretenir une longue barbe, ni celle de se draper en un manteau rapé, qui constitue les philosophes. Ce n'est pas non plus le port de vêtements de lin, ni l'usage de se raser, qui fait les prêtres d'Isis. Le véritable Isiaque est celui qui ayant reçu, par la voie légale de la tradition, tout ce qui s'enseigne et se pratique de relatif à ces divinités, le soumet à l'examen de sa raison, et s'exerce, par la philosophie, à en approfondir toute la vérité.

4. La plupart des hommes, par contre, ignorent même les motifs de cette très commune et très simple pratique, à savoir, pourquoi les prêtres d'Isis se dépouillent de leurs cheveux et portent des vêtements de lin[1]. Les uns ne se soucient aucu-

1. Hérodote, 37, rapporte ce double usage des prêtres égyptiens. « Comme ils sont les plus religieux de tous les hommes, dit-il,... ils portent des vêtements de lin et ils ont soin qu'ils soient toujours fraîchement blanchis. Ils sont circoncis par propreté, et estiment qu'il vaut mieux être propre que beau. Tous les trois jours, les prêtres se rasent le corps entier, afin que ni pou ni autre vermine ne les souille pendant qu'ils servent les dieux. » Trad.

nement d'apprendre quoi que ce soit à cet égard. Les autres se contentent de dire que c'est par respect pour la brebis que les prêtres d'Isis s'abstiennent de se vêtir de sa laine et de se nourrir de sa chair.

Ils ajoutent qu'ils se rasent la tête en signe de deuil, et que, s'ils portent des vêtements de lin, c'est à cause de la couleur de la fleur que fait pousser cette plante, fleur d'un azur semblable à celui de l'éther qui enveloppe le monde. Mais tous ces usages s'expliquent par une même raison, qui est la seule vraie. C'est qu'il n'est pas permis, comme le dit Platon[1], à ce qui est pur de toucher à ce qui est impur. Or, le résidu des aliments, le superflu des sécrétions est immonde et impur, et c'est le résultat d'une sécrétion qui donne naissance aux laines, aux poils, aux cheveux et aux ongles. Il serait donc ridicule que les prêtres d'Isis qui, quand ils se purifient, se dépouillent en se rasant de leurs cheveux et entretiennent toutes les parties de leur corps également

---

Giguet. Dans un hymne grec à Isis, édit. E. Abel, p. 295 de ses Orphica, v. 1, Isis est appelée λινόστολε, *reine aux vêtements de lin.*

1. Allusion à la phrase du *Phédon* 67 B, où il est dit que « s'attacher à quelque chose de pur ne saurait être permis à un impur. » Voir notre traduction du *Phédon,* Paris, Payot, 1922, p. 85.

lisses, s'enveloppassent et se vêtissent ensuite de la toison des brebis[1]. Effectivement, lorsque Hésiode nous dit : « *Ne va pas de l'arbre à cinq rameaux, durant les repas florissants des dieux, séparer avec un fer étincelant ce qui est sec de ce qui est verdoyant*[2] », il faut voir en ces paroles

1. « Les Égyptiens, dit Hérodote, II, 81, sont vêtus d'une tunique de lin, avec des franges autour des jambes ; ils donnent à ces franges le nom de *calasiris,* et, par dessus la tunique, ils portent un manteau de laine blanche. Toutefois on n'entre point dans les temples avec de la laine ; on n'en laisse pas à ceux que l'on ensevelit ; ce serait une impiété. A cet égard ils sont d'accord avec les traditions orphiques, qu'on appelle aussi bachiques, et qui sont observées à la fois par les Égyptiens et par les Pythagoriciens. Car, chez ces derniers, c'est une impiété d'ensevelir dans des tissus de laine celui qui est initié aux mystères. » La laine, dit encore Apulée en son *Apologie,* « sécrétion d'un corps très indolent, dépouille arrachée à une bête, est une substance déclarée profane, même dès le temps qu'Orphée et Pythagore établissaient leurs préceptes. Le lin, au contraire, emblème parfait de pureté, passe pour une des plus excellentes productions de la terre ; et non seulement il sert de vêtement et de costume aux très saints prêtres de l'Égypte, mais encore on l'emploie à recouvrir les choses sacrées. » Jamblique, *Vit. Pyth.,* XXVIII, 149, 154, nous dit aussi que les Pythagoriciens observaient le même usage. La brebis, nous dit E. Lefébure dans *L'Amtuat et son texte,* paru dans *Sphinx,* t. I, p. 40, était adorée à Saïs, et elle était consacrée à la Déesse Nit, ou Athéna, la mère du Soleil.

2. Cf. Hésiode, *Op. et Di.,* v. 740-741. C'est une façon emblématique de dire qu'il ne faut pas se couper les ongles quand on est à table, dans une solennité. Jamblique, *Adhort, ad phil.,* 21, nous

un enseignement qui nous recommande d'être purifiés des souillures de ce genre pour célébrer les fêtes, et de ne pas employer le temps des cérémonies saintes à nous débarrasser et à nous nettoyer du superflu des sécrétions. Quant au lin, c'est une plante qui croît de la terre immortelle ; elle porte un fruit comestible, fournit un vêtement simple et propre qui couvre sans lourdeur, qui sied en toute saison et qui, dit-on, n'engendre jamais la vermine. Mais cette question sera l'objet d'un autre traité.

5. Les prêtres d'Isis ont tant d'horreur pour tout ce qui est sécrété, qu'ils s'abstiennent non seulement de la plupart des légumes[1] et de la

---

dit que les Pythagoriciens avaient aussi le précepte suivant : *Ne te coupe pas les ongles durant le sacrifice.* Cf. Jamblique, *Vit. Pyth.*, XXI, 100 ; P. Mazon, *Hésiode, Les œuvres et les jours*, p. 147.

1. Les prêtres égyptiens amplifiaient leurs dons et leur pouvoir par le choix minutieux de leurs aliments, et toutes leurs pratiques, tous leurs régimes de vie visaient autant, nous dira Plutarque dans la suite, 79, *à la sainteté qu'à la santé*. Non seulement ils s'abstenaient de la chair de certains animaux, de poissons, usaient de peu de vin, mais ils s'interdisaient aussi l'usage de quelques légumes. Dans toute l'Égypte, dit Hérodote, II, 37, on ne sème point de fèves ; et s'il en vient, on ne les mange ni crues ni cuites. Les prêtres n'en peuvent supporter l'aspect, car ils considèrent ce légume comme impur. » D'après Pline, *Hist. nat.*, XXVIII, les taches presque noires de la fleur de la fève étaient regardées comme

chair des moutons et des porcs[1], parce que ces nourritures donnent lieu à beaucoup de résidus superflus, mais qu'ils se défendent encore, durant le temps de leurs purifications, d'user du sel dans leurs aliments. Entre autres nombreuses raisons qu'ils donnent de cette interdiction, ils prétendent que le sel[2], en aiguisant l'appétit, fait trop man-

des caractères de deuil. Cf. PORPHYRE, *De abstin.*, IV, 16 ; DIOSCORIDE, II, 127. Les Pythagoriciens également s'abstenaient de manger des fèves. Sur les raisons qui incitaient ceux qui se vouent à la continence à s'abstenir de légumes, cf. PLUTARQUE, *Quæst. rom.*, 95, et *Propos de table*, VIII, 10.

1. « Les Égyptiens, dit HÉRODOTE, II, 47, regardent le porc comme un animal impur. En conséquence, si l'un d'eux en passant près d'un porc est touché par lui, on le fait descendre tout habillé dans le fleuve, et on le baigne avec ses vêtements. D'autre part, les porchers des Égyptiens, seuls de tout le peuple, n'entrent dans aucun temple de la contrée. On ne leur donne point de filles en mariage et nul n'épouse leurs filles ; ils ne peuvent se marier qu'entre eux. » Dans sa gloutonnerie, dit ÉLIEN, *Nat. anim.*, le porc n'épargne même pas ses petits, mais il les mange. Il s'attaque aussi à l'homme et ne craint pas de se nourrir de sa chair. Voilà pourquoi les Égyptiens le considéraient comme un animal abominable.

2. Les prêtres égyptiens, dit PLUTARQUE dans ses *Propos de table*, V, 10, qui font vœu de chasteté, s'abstiennent entièrement de sel. Ils pensent qu'il a la propriété de réveiller et d'exciter la vertu générative endormie. Ils mangent le pain sans qu'il soit salé. Dans ses mêmes *Propos*, VIII, 8, Plutarque nous dit aussi que les Égyptiens ne mangeaient aucun mets *assaisonné de sel marin*. Pour leur usage ils se servaient, au témoignage d'ARRIEN, *De Exped. Alex.*,

ger et trop boire. L'opinion d'Aristagoras[1], en effet, que le sel est regardé comme impur parce que, quand il se cristallise, il fait mourir un grand nombre d'animalcules qui se trouvent pris en sa masse, est une pure sottise.

On dit aussi que le bœuf Apis[2] se désaltère à un puits particulier, et qu'on l'écarte absolument du Nil. Ce n'est point que l'on pense, comme quelques-uns le croient, que la présence du crocodile en ce fleuve rende ses eaux impures, car rien n'est aussi vénéré chez les Égyptiens que le Nil[3]. Mais ils estiment que son eau engraisse et

4, 5, 7, du sel gemme, qu'on leur apportait de la Marmorique. Sur la vertu du sel, cf. PLUTARQUE, *Caus. nat.*, III; ÉLIEN, *Nat., anim.*, IX, 48.

1. Aristagoras de Milet avait composé une histoire d'Égypte en deux livres, et écrit sur les pyramides. ÉLIEN, *Nat., anim.*, XI, 10, nous dit que cet historien avait expliqué les marques qui devaient désigner le bœuf Apis. Cf. A. et M. CROISET, *Hist. de la littérat. grecque*, t. II, p. 574.

2. Apis était un taureau sacré que les Égyptiens regardaient comme l'image vivante d'Osiris. « Apis, dit HÉRODOTE, III, 38, est noir, mais il a sur le front un carré blanc, sur le dos l'image d'un aigle, à la queue des poils doubles, sous la langue un escarbot. » Sur les caractéristiques d'Apis, cf. ÉLIEN, *Nat. anim.*, XI, 10 ; STRABON XVII, 1, et AUGUSTE MARIETTE, *Renseignements sur les Apis*, dans le *Bulletin archéologique de l'Athenæum français*, 1855.

3. La vénération que les Égyptiens avaient pour le Nil était si grande, que ce fleuve bienfaisant fut non seulement le *très-saint*, le

qu'elle donne, à celui qui en boit, un embonpoint excessif, et ils ne veulent pas pour le bœuf Apis, aussi bien que pour eux-mêmes d'ailleurs, d'une telle corpulence [1]. Ce qu'ils souhaitent, c'est d'avoir pour servir d'enveloppes à leurs âmes des corps alertes et légers, afin que le principe divin qui est en eux ne soit ni comprimé ni étouffé par la prépondérance et par la pesanteur de l'élément périssable [2].

père et le *conservateur du pays*, mais il fut encore regardé comme un *dieu*, et il eut en cette qualité un culte et des prêtres. Cf. CHAMPOLLION-FIGEAC, *L'Égypte ancienne*, p. 7 et suivantes. Voir aussi le bel *Hymne au Nil*, que MASPERO a traduit, inséré et commenté à la page 40-43 du tome I de son *Histoire ancienne des peuples de l'Orient*. Ignorant sa source et ne s'expliquant pas naturellement ses inondations régulières, les Égyptiens prétendaient qu'elles étaient produites par les *larmes d'Isis*. Cf. Ch. PALANQUE, *Le Nil à l'époque pharaonique, son rôle et son culte en Égypte*, Paris, 1903 ; PAUSANIAS, X, XXXII, 10 ; JABLONSKI, *Pantheon Ægypt.*, t. II, p. 139-176, 214-230, 231-258.

1. Cette opinion que l'eau du Nil engraisse les hommes et les animaux comme il engraisse le sol, a été celle de plusieurs auteurs anciens, entre autres de Diodore de Sicile. SÉNÈQUE, *Quaest., nat.*, IV, 2, atteste aussi cette propriété de l'eau du Nil, et y ajoute celle de la salubrité et d'une douceur peu commune. ÉLIEN, dans son traité *De la nature des animaux*, XI, 10, rapporte le même usage au sujet du bœuf Apis, et il en donne la même raison. On l'écarte de l'eau du Nil, dit-il, car on redoute, à cause de la douceur de ses eaux, qu'il n'en boive trop et s'engraisse.

2. HORACE, au livre II de ses *Satires*, 2, vers 77-80, en faisant

6. Les prêtres attachés dans Héliopolis[1] au service du dieu n'apportent jamais de vin dans le temple du Soleil. Ils regarderaient comme une inconvenance de boire pendant le jour sous les regards de leur seigneur et roi. Les autres prêtres en usent, mais en petite quantité[2]. Ils ont aussi un grand nombre de purifications durant lesquelles l'usage du vin est interdit : ce sont celles qui durent tout le temps qu'ils consacrent à étudier, à apprendre et à enseigner les vérités divi-

l'éloge de la frugalité, écrit aussi : « Quand le corps est appesanti par les excès de la veille, il communique à l'âme sa pesanteur, et colle pour ainsi dire à la terre cette parcelle d'intelligence divine qui est en nous. » Selon Diogène Laerce, Porphyre, Jamblique et Suidas, le régime des Pythagoriciens tendait aussi à éviter la *surabondance des chairs*.

1. Héliopolis est une ville de la Basse Égypte, sur le côté E. de la branche pélusiaque du Nil, un peu au-dessous de l'ouverture du Delta. Elle était le centre du culte du Soleil en Égypte, et ses prêtres étaient renommés pour leur science sacrée. Cf. HÉRODOTE, II, 3, 7-9 ; STRABON, XVII.

2. PORPHYRE, *De Abstin*, IV, 6, fait la même distinction au sujet du vin. Parmi les prêtres, dit-il, les uns n'en boivent point du tout, et d'autres n'en font qu'un usage très modéré. Selon quelques historiens, il n'y avait pas de vigne en Égypte ; les naturels faisaient usage de vins étrangers, ou d'une boisson faite avec de l'orge fermentée. Selon d'autres, la culture de la vigne n'y était pas inconnue ; on la cultivait en effet avec d'excellents résultats, dans la Moyenne et dans la Basse Égypte. Cf. MASPERO, *Hist. anc. des peuples*, t. I, p. 65.

nes. Les rois d'Égypte eux-mêmes, comme le rapporte Hécatée[1], ne buvaient du vin que dans la mesure établie par les saintes écritures, car ils étaient considérés comme prêtres. Ils commencèrent à en boire depuis Psammétique[2]. Avant lui, ils n'usaient pas de vin, et ne s'en servaient pas pour faire des libations. Ce n'est point qu'ils crussent, en agissant ainsi, se rendre chers aux dieux ; mais ils pensaient que le sang de ceux qui jadis étaient entrés en lutte avec les dieux, et qui, une fois tombés, avaient mêlé leurs cadavres à la terre, avait produit les vignes[3]. En consé-

1. Hécatée de Milet est un des plus anciens et des plus vénérables historiens et géographes grecs. Il avait visité l'Égypte et beaucoup d'autres pays. Tous ses ouvrages sont perdus. Cf. HÉRODOTE, II, 143; V, 36 ; VI, 137; DIODORE, I, 37, et A. VON GUTSMID, *Scriptorum rerum Ægyptiacarum series* (*Philologus*, t. X). Peut-être s'agit-il ici d'Hécatée d'Abdère dont il est question au paragraphe 9 de ce traité ? Sur Hécatée de Milet, cf. A. et M. CROISET, *Hist. de la littér. grecque*, t. II, p. 541-548.

2. Psammétique, fondateur de la XXVI⁰ dynastie, ou dynastie saïte, fit partir son avènement officiel de l'an 666. Ce roi concéda aux Ioniens et aux Cariens des terres le long de la branche pélusiaque du Nil. Cf. MASPERO, *op. cit.*, p. 571-580.

3. D'après la tradition égyptienne, ceux qui jadis entrèrent en lutte avec les dieux sont les hommes de la fin de l'Age d'Or. Râ régnait sur eux ; et, comme ce maître devenait vieux, les hommes égarés se révoltèrent contre lui. Râ, pour les châtier, en fit un carnage sanglant. Il fut aidé par la déesse Hâthor-Sokhit. Mais, effrayé

quence, si l'ivresse rendait les hommes insensés et furieux, c'est qu'elle les remplissait du sang de leurs aïeux. Toutes ces particularités, Eudoxe[1] nous déclare, au second livre de son *Itinéraire*, qu'elles sont ainsi rapportées par les prêtres.

7. Tous les Égyptiens en outre ne s'abstiennent pas de tous les poissons de mer ; mais ils s'en interdisent néanmoins quelques-uns. Ainsi, les habitants d'Oxyrrynque ne mangent aucun de ceux qui ont été pris à l'hameçon. Vénérant en effet le poisson dénommé oxyrrynque, ils craignent que l'hameçon n'ait par hasard amorcé un de ces poissons sacrés, et ne soit devenu impur

---

par l'immensité de la vengeance, Râ voulut y mettre un terme. Il n'y parvint qu'en enivrant la Déesse. Cf. Sourdille, *op. cit.*, p. 39 ; Naville, *La destruction des hommes par les Dieux*, dans les *Transactions de la Société d'Archéologie biblique*, t. IV.

1. Eudoxe de Cnide, astronome, géographe et mathématicien, vivait vers 366 av. J.-C. Il étudia à Athènes et en Égypte, et vécut probablement le reste de sa vie à Cnide où il avait fait édifier un observatoire. Il passa seize mois en la compagnie des prêtres égyptiens, vivant leur vie et étudiant leurs doctrines. Il écrivit au retour un traité *Sur les dieux*. « Son souhait, nous dit Plutarque, *Cont. Epic.*, 11, était de se rapprocher du soleil, de reconnaître la figure, la grandeur, l'aspect de cet astre, et d'en être ensuite consumé comme l'avait été Phaéton. » Selon Diodore, I, 98, Eudoxe le mathématicien s'acquit beaucoup de gloire en introduisant d'Égypte en Grèce l'astrologie.

de ce fait[1]. Ceux de Syène ne touchent point au pagre. Il paraît en effet que ce poisson se montre sur le Nil quand il est près de déborder, et on le regarde comme un messager apportant l'agréable nouvelle de la crue. Quant aux prêtres, ils s'abstiennent de toutes espèces de poissons[2]. Au neuvième jour du premier mois[3], tandis que chaque Égyptien mange devant la porte d'entrée de sa maison un poisson rôti, les prêtres n'en goûtent point : ils se contentent de faire devant leurs portes que leurs poissons soient entièrement consumés par le feu. Ils ont deux raisons pour agir ainsi : l'une est éminente et sacrée, car elle se rapporte aux saintes doctrines philosophiques qui concernent Osiris et Typhon ; j'y reviendrai

1. Oxyrrynque est une ville de la Haute-Égypte. Les habitants révéraient un poisson appelé oxyrrynque, *museau pointu*. Sur l'oxyrrynque, né, disait-on, des blessures d'Osiris, cf. ÉLIEN, *Nat. anim.*, X, 46.

2. Les prêtres égyptiens, dit aussi Hérodote, II, 37, ne mangent pas de poisson. Voir aussi PORPHYRE, *De abstin.*, IV, 7. Au dire de PORPHYRE, *Vit. Pyth.*, XXI, 98, les Pythagoriciens usaient rarement de poissons, et s'abstenaient complètement de quelques-uns.

3. Le premier mois de l'année égyptienne s'appelait *Thot*. Elle commençait aux premières apparitions de l'étoile d'Isis, Sirius, qui concouraient exactement avec les premières crues du Nil. Sur l'année égyptienne, cf. CHAMPOLLION-FIGEAC, *op. cit.*, p. 234-241 ; CHABAS, *Le calendrier des jours fastes et néfastes de l'année égyptienne*.

dans la suite. L'autre, par contre, est manifeste et courante : c'est que, comme aliment, le poisson d'une part n'est pas indispensable, et de l'autre, n'a rien de recherché[1]. C'est ce que confirme le témoignage d'Homère, quand il dit que les Phéaciens, peuple efféminé, et que les habitants d'Ithaque, race insulaire, ne faisaient point usage de poisson, et quand aussi il raconte que les compagnons d'Ulysse, même en pleine mer et durant une aussi longue traversée, n'en mangèrent pas avant d'en être réduits à une extrême disette[2]. Pour le dire en un mot, les Égyptiens considèrent que la mer a été formée par le feu, qu'elle est en dehors de toute définition, qu'elle n'est ni une partie du monde, ni un élément : ils n'y voient rien autre qu'une espèce de sécrétion corrompue et malsaine[3].

8. Ce peuple d'ailleurs n'introduisait, comme

1. Voir à ce sujet la question 4 du IVᵉ livre des *Propos de table* de PLUTARQUE, où cet auteur se demande si la mer offre des mets plus friands que n'en produit la terre.

2. Homère, *Odys.*, XII, 331-334. Sur le même sujet, voir PLUTARQUE, *Propos de table*, VIII, 8.

3. Les Égyptiens, dit PLUTARQUE, *Propos de table*, VIII, 8, ont horreur de la mer. Ils la regardent comme un élément étranger et tout à fait hostile à la nature de l'homme. Le principe générateur et humide était pour eux l'eau du Nil; l'eau de la mer n'était qu'un résidu salé, apparenté à l'eau saumâtre du désert ou de Typhon.

quelques-uns le pensent, dans ses cérémonies religieuses, aucun principe déraisonnable, aucun élément fabuleux ou inspiré par la superstition. Leurs usages se fondent, les uns sur des principes moraux ou sur des raisons d'utilité ; les autres se justifient par d'ingénieux souvenirs historiques, ou par des explications tirées de la nature. Il en est ainsi, par exemple, du scrupule relatif à l'oignon. La tradition que Dictys[1], nourrisson de la déesse Isis, tomba dans le fleuve et s'y noya en voulant ramasser des oignons, est de la dernière invraisemblance. Mais, si les prêtres se gardent, avec une sainte aversion et une extrême répugnance, de manger des oignons, c'est que ce légume est le seul qui soit d'une nature à prendre accroissement et vigueur dans le décours de la lune. Il ne convient d'ailleurs ni à ceux qui veulent pratiquer l'abstinence ni à ceux qui célèbrent une fête, car il provoque la soif chez ceux-là et fait pleurer ceux-ci quand ils en mangent.

Les Égyptiens regardent aussi le porc comme

1. Dictys, fils du roi qui hébergea Isis quand elle recherchait Osiris, fut un nourrisson de la Déesse. Selon LEFÉBURE, *Mythe Osirien*, sect. I, *les Yeux d'Horus*, p. 62, Dictys serait le symbole du soleil disparaissant dans l'eau.

un animal impur. Et cela, parce que ces animaux paraissent le plus souvent s'accoupler quand la lune décroît, et que leur lait fait ensuite fleurir, sur le corps de ceux qui en boivent, la lèpre et d'autres terribles affections cutanées[1]. Pour expliquer le fait qu'une seule fois dans l'année, pendant la pleine lune, les Égyptiens immolent un porc et en mangent, ils disent que Typhon, en poursuivant un de ces animaux pendant la pleine lune, trouva le coffre de bois où était renfermé le corps d'Osiris et le défonça. Mais bien des gens n'acceptent pas cette explication ; elle leur paraît, comme tant d'autres, une tradition mal entendue[2].

1. Sur les maladies, la lèpre et la gale, que peut occasionner la chair de porc, cf. PLUTARQUE, *Propos de table*, IV, 4. D'après ÉLIEN, *Nat. anim.*, X, 16, Eudoxe pensait que les Égyptiens ne sacrifiaient pas le porc, parce que cet animal, en piétinant les terres ensemencées, enfouissait le grain dans la terre humide, et empêchait les oiseaux de manger les semences. Mais le même Élien rapporte qu'il a entendu dire à Manéthon que ceux qui goûtaient au lait de truie étaient remplis de dartres et devenaient lépreux.

2. Selon d'autres traditions, les Égyptiens immolaient un porc parce que, l'âme d'Osiris habitant la lune, Typhon, le quinzième jour de chaque mois, à la pleine lune, attaquait cet astre, sous la forme d'un pourceau noir, et essayait de le dévorer. En immolant cet animal, on croyait aider au développement et favoriser la constance des phases de la lune qui, chaque mois, diminue, décroît, dispa-

ISIS ET OSIRIS 41

Quant aux anciens Égyptiens, on dit qu'ils étaient à ce point étrangers à la mollesse, au luxe et au plaisir, qu'à Thèbes, dans le temple d'Isis, s'élevait une colonne sur laquelle étaient gravées, raconte-t-on, des imprécations contre le roi Minis[1] qui, le premier, avait fait abandonner aux Égyptiens le genre de vie frugal qu'ils menaient sans connaître la richesse et l'argent[2]. On raconte aussi que Technactis, père de Bocchoris[3], dans une expédition contre les Arabes,

raît, pour renaître et croître au début du mois suivant. Cf. E. Lefébure, *Le Mythe Osirien*, sect. I, *Les Yeux d'Horus*, p. 46-47 ; P. Pierret, *Études égyptologiques*, p. 87. La mort d'Osiris tombait le 17 du mois, jour où la pleine lune commence à diminuer.

1. Minis, Ménès ou Mîni, est le premier roi d'Égypte et le fondateur légendaire de Memphis. Diodore, I, 45, nous dit aussi qu'il se montra ami du luxe, qu'il inventa l'art de servir un dîner et qu'il enseigna à ses sujets la manière de manger étendu sur un lit. Cf. Maspéro, *op. cit.*, p. 50-58. Pour E. Lefébure, Minis est un roi à caractère collectif qui personnifie à lui seul le travail des vieilles générations. Cf. Lefébure, *Le premier roi d'Égypte*, dans *Sphinx*, t. III, p. 68.

2. Sur la nourriture des premiers habitants de l'Égypte, cf. Diodore, II, 43 ; Athénée, V, 6 ; et Maspero, *Hist. ancienne des peuples de l'Orient*, p. 9-14.

3. Bocchoris ou Bokenranf est un roi de la XXIVe dynastie. Son père, Technactis ou Tafnakhiti, était le suzerain du Delta. Sur ses guerres, cf. Maspero, *op. cit.*, 478-483. D'après Diodore, I, 65 et 94, Technactis ne fut pas seulement un guerrier, mais un législateur. Cf. A. Moret, *De Bocchori rege*. Sur la stèle qu'il fit dresser

mangea avec plaisir, un jour que ses bagages tardaient, les premiers aliments qu'il trouva et s'endormit ensuite, sur une jonchée de feuilles, du plus profond sommeil. A partir de ce jour, il s'attacha à une vie frugale; puis, ayant à ce propos prononcé contre Minis des imprécations, et les prêtres les ayant approuvées, il fit graver sur une colonne sa malédiction.

9. Les rois étaient choisis parmi les prêtres ou parmi les guerriers, parce que ces deux classes, l'une en raison de son courage, l'autre en vertu de sa sagesse, jouissaient d'une estime et d'une considération particulières [1]. Quand le roi était tiré de la classe des guerriers, il entrait dès son élection dans la classe des prêtres; il était alors initié à cette philosophie où tant de choses, sous des formules et des mythes qui enveloppaient d'une apparence obscure la vérité et la manifestaient par transparence, étaient cachées [2]. C'est là

dans le temple d'Amon, à Thèbes, cf. DE ROUGÉ, *Recherches sur les monuments qu'on peut attribuer aux six premières dynasties de Manéthon*, p. 30-31.

1. Sur les rois d'Égypte qui recevaient de Dieu la vérité créatrice et qui devaient dans leurs fonctions l'exercer comme Dieu même, cf. l'excellent ouvrage de A. MORET, *Du caractère religieux de la royauté pharaonique*.

2. « Ce n'étaient pas les premiers venus, dit aussi CLÉMENT

sans doute ce que les Égyptiens veulent nous faire entendre, en érigeant un assez grand nombre de sphinx en avant de leurs temples, comme pour indiquer que la sagesse de leur doctrine sacrée est tout énigmatique[1]. A Saïs en outre, sur le fronton du temple d'Athéna[2], qu'ils croient être

D'ALEXANDRIE, *Strom.*, V, 7, que les Égyptiens initiaient à leurs Mystères, ce n'était pas à des profanes qu'ils communiquaient la connaissance des choses divines : c'était seulement à *ceux qui devaient monter sur le trône,* et à ceux des prêtres reconnus les plus recommandables par leur éducation, leur instruction et leur naissance. »

1. CLÉMENT D'ALEXANDRIE, *Strom.*, V, 5, 31, donne aux sphinx le même sens symbolique que leur attribue Plutarque. Ils avaient en réalité pour fonction de garder les temples, les dieux, les morts, dont ils écartaient leurs ennemis. Les Égyptiens, en effet, ne rendaient pas seulement un culte aux animaux visibles, mais aussi à des animaux fantastiques. Il leur prêtait, dit SOURDILLE, *op. cit.*, p. 233, « les états de conscience et la forme extérieure des êtres qu'ils avaient sous les yeux, et de préférence la forme des animaux, dont l'activité psychologique, plus difficile à pénétrer que celle de l'homme, avait pour lui un caractère plus mystérieux. » Cf. MASPERO, *Études de Mythologie*, t. II, p. 213-214 ; t. I, p. 117-118.

2. Athéna, ou Nit, était la principale divinité de Saïs, ville de la Basse Égypte. On la donna pour épouse à Osiris, et on la confondit avec Isis. Elle était, comme Athéna, la déesse du tissage et une déesse guerrière. On l'invoquait à Saïs, comme la créatrice du monde et la mère des dieux. Cf. BRUGSCH, *Relig. und Mythol.*, p. 338 sq. ; DE ROUGÉ, *Mémoire sur la statuette naophore du Musée grégorien*, dans la *Revue Archéol.*, VIII, 1851 ; MALLET, *Le culte de Neit à Saïs*, Paris, 1888.

la même divinité qu'Isis, on lisait cette inscription : « *Je suis tout ce qui a été, tout ce qui est et tout ce qui sera, et mon voile, jamais aucun mortel ne l'a encore soulevé*[1]. » De plus, au dire de quelques-uns, le nom propre de Zeus en langue égyptienne est *Amoun*[2], mot que nous autres Grecs

---

[1]. Cette inscription est aussi rapportée par PROCLUS, *In Plat. Tim.*, 30, qui ajoute ces mots à celle de Plutarque : *le fruit que j'ai engendré a été le soleil*. Quant à la place de cette inscription, on lit habituellement, *sur le fronton du temple d'Athéna*. Peut-être faudrait-il simplement traduire avec Amyot, sur *l'image de Pallas*, ou si l'on veut de plus près serrer le texte, sur le *piédestal* ou sur le *socle* d'Athéna. Sur Athéna et Isis, identifiées par les Égyptiens et par les Grecs avec Neit de Saïs, cf. MALLET, *Le culte de Neit à Saïs*, p. 236-244. Cet égyptologue reconnaît la haute valeur de cette inscription « dont il n'est aucune partie, dit-il, qui puisse être désormais rejetée comme une invention d'origine grecque. »

[2]. *Amoun* ou *Amon*, après avoir été le dieu unique de Thèbes, devint, avec la XVIIIe dynastie, le dieu suprême de l'Égypte. Cf. MASPERO, *op. cit.*, p. 247-248, et du même, *Bulletin de la Religion d'Égypte*, dans la *Revue de l'histoire des religions*, 1882, t. V, p. 99-100. Il fut alors, sous le nom d'Amon-Râ, identifié avec Râ le dieu unique d'Héliopolis. « Ce Dieu des théologiens Thébains, dit MASPERO, *op. cit.*, p. 326, était un être parfait doué d'une science et d'une intelligence certaines, le « *un unique, celui qui existe par essence, le seul qui vive en substance, le seul générateur dans le ciel et sur la terre qui ne soit pas engendré, le père des pères, la mère des mères.* » Son nom, *Amoun*, l'Ammon des Grecs et des Romains, dérivant de la racine *amn*, *être caché*, désigne la force de la nature qui agit invisible dans le caché. Cf. BRUGSCH, *Religion und Mythologie*, p. 94. Mais ce dieu, qui amène à la lumière les forces latentes des

avons altéré en le prononçant Ammon. Or, Manéthon[1] le Sébennyte croit que ce terme veut dire « *chose cachée, action de cacher* ». Hécatée d'Abdère[2] ajoute encore que les Égyptiens se servent de ce mot pour appeler quelqu'un, car ce vocable est interpellatif. Ainsi, en s'adressant au premier Dieu, le même selon eux qui est dans l'Univers, comme à un être invisible et caché, ils l'invitent et l'exhortent, en l'appelant *Amoun*, à se montrer à eux et à se découvrir. Voilà jusqu'à quel point était grande la circons-

---

choses cachées, devait être éclipsé, absorbé par Osiris et confondu avec lui. Cf. Sourdille, *Hérodote et la religion égyptienne*, p. 61. Sur Ammon caché, cf. Grébaut, *Hymne à Amon-Râ*, p. 14 et p. 100, note 3.

1. Manéthon le Sébennyte était un prêtre égyptien qui, sous le règne du premier Ptolémée, écrivit en grec un ouvrage sur la religion et l'histoire de son pays. Ses *Chroniques* en trois livres contenaient une relation des différentes dynasties. L'ouvrage lui-même est perdu ; mais une précieuse liste des dynasties nous a été conservée par Julius Africanus et par Eusèbe. Les fragments de ses œuvres ont été édités par Unger. Sur Manéthon, cf. Wiedemann, *Ægyptische Geschichte*, 1884, p. 121-131 ; Maspero, *Hist. anc.*, I, p. 226-228 ; A. et M. Croiset, *op. cit.*, t. V, p. 99 ; et sur son rôle dans le syncrétisme religieux alexandrin, G. Lafaye, *op. cit.*, p. 20-21.

2. Hécatée d'Abdère, disciple de Pyrrhon et contemporain de Ptolémée, fils de Lagus, était un philosophe qui, entre autres ouvrages, avait écrit un traité *Sur la philosophie des Égyptiens*. Cf. Diels, *Die fragmente der Vorsocratiker*, t. II, p. 151-154 ; A. et M. Croiset, *Hist. de la littér. grecque*, t. V, p. 147-148.

pection de la sagesse égyptienne à l'égard des choses divines.

10. C'est ce qu'attestent d'ailleurs les plus éclairés des Grecs : Solon, Thalès, Platon, Eudoxe, Pythagore, et aussi, suivant quelques-uns, Lycurgue lui-même. Ils étaient venus en Égypte et y avaient vécu dans l'intimité des prêtres. Ainsi, on rapporte qu'Eudoxe avait suivi les leçons de Chonuphis de Memphis, que Solon avait entendu celles du saïte Sonchis, et que Pythagore avait conféré avec l'héliopolitain Enuphis[1]. C'est ce dernier Grec surtout, à ce qu'il paraît, qui, plein d'admiration pour ces hommes qui l'admiraient également, tenta d'imiter leur langage symbolique et leur enseignement mystérieux en enveloppant d'énigmes sa doctrine. Il n'y a en effet aucune différence entre les textes appelés hiéroglyphiques[2] et la plupart des préceptes des Pytha-

1. « Les prêtres égyptiens, dit Diodore de Sicile, I, 96, affirment, sur la foi des livres sacrés, qu'on a vu chez eux Orphée, Musée, Mélampos, Dédale, ensuite le poète Homère, Lycurgue le spartiate, Solon d'Athènes, Platon le philosophe. Ils citent encore Pythagore de Samos, Eudoxe le mathématicien, Démocrite d'Abdère et Œnopide de Chio. » Sur les rapports de l'Égypte et des philosophes grecs antérieurs à Socrate, cf. J.-A. Faure, *L'Égypte et les Présocratiques*, Paris, 1923.

2. Sur ces textes appelés hiéroglyphiques, cf. Plotin, *En.*, V,

goriciens, tels que ceux-ci : « *Ne point manger sur un char. — Ne point s'asseoir sur le boisseau. — Ne point planter de palmier. — Ne point avec une épée attiser le feu dans sa maison*[1]. » Je crois

8, 6 ; Clément d'Alexandrie, *Strom.*, V, 4 et 7 ; Porphyre, *Vit. Pyth.*, 12. Sur les différentes écritures égyptiennes, et notamment sur l'emploi par les Égyptiens de signes figuratifs analogues aux énigmes des Pythagoriciens, cf. Sourdille, *op. cit.*, p. 309-320 ; Letronne, *Examen du texte de Clément d'Alexandrie*, dans *Œuvres choisies*, 1re série, II, p. 237 sqq. ; Th. Dévéria, *L'écriture secrète*, dans *Mémoires et fragments*, II, p. 49 sqq.

1. « Rien, dit Plutarque, *frag.* 33, trad. Bétolaud, n'est aussi spécial à la philosophie pythagoricienne que l'usage des symboles, tels que ceux qu'on emploie dans la célébration des Mystères. C'est là une manière de parler qui tient à la fois du silence et du discours... Ce qui se dit est très clair et très évident, pour ceux qui sont accoutumés à ce langage ; c'est pour les ignorants qu'il est obscur et inintelligible. Le sens apparent de ces symboles n'est pas le véritable, mais il faut y chercher celui qu'ils semblent recouvrir. » Dans son *Traité de l'éducation*, XVII, Plutarque nous explique les deux préceptes suivants. *Ne pas s'asseoir sur le boisseau*, veut dire éviter le désœuvrement et songer par avance à se procurer la nourriture nécessaire. *Ne pas attiser le feu avec une épée*, signifie prendre garde d'irriter mal à propos un homme furieux, et momentanément lui céder. Quant aux deux autres, *Ne point planter de palmier*, veut probablement dire : ne fais rien d'inutile, car le palmier transplanté ne produit aucun fruit. *Ne point manger sur un char*, paraît signifier : chaque chose en son temps, il n'est pas temps de manger quand il s'agit de courir. Pourtant, si l'on traduit par *siège* au lieu de *char*, le mot grec δίφρος, qui a ce double sens, ce symbole pourrait bien signifier, ne mange pas assis, c'est-à-dire sans travailler. Voir Plutarque, *Propos de table*, VIII, 8, et A. Delatte, *Études sur la littér. pythag.*, chap. IX.

aussi, pour ma part, que les Pythagoriciens, en appelant Apollon la monade, Artémis la dyade, Athéna le septenaire et Poséidon le premier cube[1], ont voulu imiter ce qui est édifié sur les temples d'Égypte, ce qui s'y pratique, et aussi, par Zeus ! ce qu'on y voit gravé. Ainsi, par exemple, les Égyptiens représentent Osiris, leur seigneur et roi, par un œil et un sceptre. Quelques-uns prétendent aussi que ce nom signifie : « *qui a beaucoup d'yeux* », attendu que *os* en langue égyptienne veut dire *beaucoup*, et *iri, œil*[2].

1. Apollon était la monade, parce que son nom *exclut la multiplicité*, διὰ τό ἄπωθεν εἶναι τῶν πολλῶν. La dyade, ou le nombre 2, était le premier nombre *pair*, c'est-à-dire *féminin*. Le nombre 7, ou septenaire, est appelé Athéna, parce que ce nombre est le seul qui n'engendre aucun nombre compris dans la décade et qui n'est engendré par aucun d'eux. Le premier cube était attribué à Poséidon, parce que ce dieu était appelé ἀσφάλειος, c'est-à-dire *solide, irrenversable.* Cf. A. Delatte, *Études sur la littér. pythag.*, p. 142 sqq.

2. Diodore de Sicile, I, 11, donne d'Osiris la même étymologie qu'en donne ici Plutarque. D'après d'autres, le nom d'Osiris signifierait la *puissance de Rā* ou la force du soleil qui se renouvelle et se développe par périodes. Cf. Lepage-Renouf, *The names of Isis and Osiris*, dans les *Annales de la Société d'archéologie biblique*, t. XII, p. 342 ; Lefébure, *Le Mythe Osirien*, sect. II, *Osiris, Étymologies des noms d'Isis et d'Osiris*, et Théod. Dévéria, *Le nom d'Isis rapporté par Plutarque, Bibliot. égypt.*, t. IV, *Mémoires et fragments*, t. I, p. 160-163.

Ils figurent encore le ciel, qui ne saurait vieillir puisqu'il est éternel, par un cœur posé sur un brasier dont la flamme entretient l'ardeur. A Thèbes, on voyait exposé un tableau qui représentait des juges sans mains, et leur président ayant les yeux fermés : c'était pour indiquer que la Justice ne doit ni accepter des présents, ni se laisser séduire. Les gens de guerre avaient un scarabée gravé sur le cachet de leur anneau. Il n'y a point, en effet, de scarabée femelle ; tous sont mâles. Ils se perpétuent en déposant leur semence dans une sorte de matière qu'ils façonnent en boule, non point tant comme substance alimentaire que comme un lieu réservé à la génération[1].

11. Ainsi donc, toutes les fois que tu entendras ce que la mythologie égyptienne raconte sur les dieux : qu'ils ont été errants, qu'ils ont été démembrés, qu'ils ont souffert un grand nombre de semblables tourments, il faudra te souvenir de ce que nous avons déjà dit, et ne point croire que tout cela soit arrivé et se soit passé de la

---

1. Sur le scarabée, cf. Élien, *Nat. anim.*, X, 15. Porphyre, *De Abst.*, IV, 9, nous dit que les Égyptiens regardaient le scarabée comme une image vivante du soleil. C'était un emblème du soleil levant et du devenir.

façon qu'on le rapporte. C'est ainsi, par exemple, que les Égyptiens ne donnent pas proprement à Hermès[1] le nom de chien. Mais, appréciant la bonne garde que fait cet animal, sa vigilance constante, la sagacité avec laquelle, pour employer les termes de Platon[2], il sait discerner ses amis de ses ennemis en connaissant les uns et en ignorant les autres, ils attribuent toutes ces qualités au plus sagace des dieux. Ils ne croient pas non plus que le soleil soit sorti, enfant nouveau-né,

---

1. Hermès est le dieu Thot. Il était l'inventeur de l'écriture et le père de l'histoire. « Il apparaît, dit VIREY, *La Religion de l'ancienne Égypte*, p 169, dans la légende osirienne, comme un allié d'Osiris et d'Horus. Il procure au soleil la victoire contre ses ennemis, les ténèbres, en donnant à sa parole le pouvoir de faire la vérité, c'est-à-dire la vertu créatrice. Il met enfin la paix entre Horus et Set, entre le soleil et les ténèbres, en fixant les limites du domaine de chacun. Il est en effet le dieu mesureur et régulateur ; il est le mari de Mâ, la règle et la rectitude ; il est associé à la lune à cause de la régularité des phases de cette planète. Inventeur de l'écriture, il est le maître des paroles divines, le maître des écrits divins ; il est le dieu des lettres, des sciences et de l'histoire. » Le cynocéphale lui était consacré. Si on l'a peint parfois, comme Anubis, sous la figure d'un chien, c'est qu'on le regardait comme le portier et le gardien des cieux. Ce dieu présidait à l'ouverture des temps et des années, et le premier mois de l'année égyptienne lui était consacré. Sur Thot, cf. MASPERO, *Hist. anc. des peuples*, t. I, p. 204-224.

2. PLATON, *Resp.*, 375 E.

du sein d'un lotus ; mais c'est une manière de représenter le lever de cet astre, et de faire entendre que l'activité de sa flamme est alimentée par l'humide. De même, le plus cruel et le plus redouté des rois de Perse, Ochos[1], prince qui commit des meurtres nombreux et qui finit par égorger le bœuf Apis et le faire servir à ses amis dans un repas, fut surnommé *Glaive* par les Égyptiens. Il est encore aujourd'hui désigné sous ce nom dans la liste des rois. Non point sans doute qu'ils veuillent proprement, en l'appelant ainsi, manifester son essence, mais parce qu'ils comparent à un instrument de carnage, son inhumanité et sa scélératesse.

C'est ainsi, Cléa, qu'il faut accueillir et accepter sur les dieux, ce qu'en rapportent et en expliquent les esprits qui unissent le sens religieux

---

[1]. Ochos ou Artaxerxès III, roi de Perse, s'empara de l'Égypte, et régna de 359 à 333. Les Égyptiens, dit Maspero, *op. cit.*, p. 754, « l'avaient comparé à Typhon pour la cruauté et appelé *âne,* parce que cet animal était consacré au dieu du mal. Arrivé à Memphis, il ordonna, dit-on, qu'on accommodât le bœuf Apis pour un banquet qu'il offrait à ses amis, et il intronisa dans le temple de Phtah un âne auquel il rendit les honneurs divins. Le bouc de Mendès partagea la fortune de l'Apis ; les temples furent pillés, les livres sacrés emportés en Perse, les murs des villes rasés jusqu'au sol et les principaux partisans de la royauté indigène égorgés. »

au sens philosophique. Alors, tout en persévérant dans la pratique et dans l'observance des prescriptions relatives aux cérémonies saintes, tout en pensant que rien ne saurait être plus agréable aux dieux que d'avoir sur leur compte des opinions qui soient vraies, que nul sacrifice, nul zèle ne sauraient les charmer davantage, tu pourras éviter un mal qui est non moins à craindre que l'athéisme : la superstition.

12. Voici donc ce récit. Je le raconterai le plus brièvement possible, en supprimant avec soin tout ce qui est inutile et superflu.

Rhéa[1], dit-on, ayant eu avec Cronos[2] un commerce secret, le Soleil[3], qui s'en était aperçu, prononça contre elle cette imprécation : « Puisse-t-elle n'accoucher ni dans le cours du mois, ni dans celui de l'an ! » Mais Hermès[4], amoureux de la Déesse et ayant aussi obtenu ses faveurs, joua ensuite aux dés avec la Lune[5] et lui ravit

---

1. Rhéa est Nouit, la déesse du ciel ou de l'espace des cieux.
2. Cronos est Gabou (Sibou), le dieu de la terre.
3. Le soleil est Râ, ou l'œil diurne de la face céleste.
4. Hermès est Thot, le dieu de la raison, de la mesure et du verbe.
5. La lune est l'œil nocturne de la face céleste. Sur l'explication de cette généalogie, cf. Sourdille, *op. cit.*, p. 75-76 ; Chabas, *Le calendrier des jours fastes et néfastes*, p. 101-107 ; Th. Dévé-

un soixante-douzième de chacun de tous ses jours de lumière. De la somme de tous ces soixante-douzièmes, il forma cinq jours qu'il ajouta aux trois cent soixante autres[1]. Ces cinq jours, les Égyptiens les appellent encore aujourd'hui Épagomènes, ou *additionnels*, et ils célèbrent durant cette période l'anniversaire de la naissance des dieux[2].

Osiris, dit-on, naquit le premier jour, et au moment où il fut enfanté une voix se fit entendre et dit : « *C'est le seigneur de toutes choses qui paraît à la lumière.* » En outre, plusieurs racontent qu'à

ria, *Le papyrus de Neb-Qed, Introduction mythologique,* et enfin Maspero, *Études de Mythol. et d'Archéol. égyptiennes,* t. II, p. 279-296, 340-393. Il est à remarquer que c'est Hermès, la raison déterminante et le verbe créateur, qui en jouant aux dés avec la lune, c'est-à-dire en exerçant sa pensée, prévalut sur l'indéterminé, et permit à Rhéa, la mère de tous les dieux, de mettre au monde et de manifester tout ce qui était virtuellement enfermé en son sein.

1. L'année vague ou religieuse était en effet de 365 jours, sans fraction. Avec Wyttembach, nous lisons un *soixante-douzième* au lieu de un *soixante-dixième* que portent tous les textes. En effet, 360 divisé par 72 donne 5, et ces 5 jours additionnels, ajoutés aux 360 autres, font bien une année de 365 jours.

2. En faisant coïncider l'ordonnance du temps avec la naissance des dieux, les Égyptiens veulent peut-être nous faire entendre que les dieux sont nés pour manifester dans le temps ce qui est hors du temps, et ordonner le monde selon les lois de l'Intelligence éternelle ?

Thèbes, un certain Pamylès, étant allé puiser de l'eau dans le temple de Zeus, entendit alors une voix qui lui ordonnait de crier avec force : « *Le grand roi, le bienfaisant Osiris vient de naître.* » Pamylès ayant obéi, Cronos déposa Osiris en ses mains, le chargea de l'élever et d'instituer la fête des *Pamylies,* qui ressemble à nos *Phalléphories* [1].

Le deuxième jour naquit Arouéris, que l'on considère comme Apollon, et que quelques-uns appellent aussi Horus le Vieux.

Le troisième jour vint au monde Typhon, non pas à terme ni par la voie commune, mais en s'élançant à travers le flanc maternel, qu'il avait ouvert et déchiré en le frappant d'un grand coup.

Le quatrième jour ce fut Isis qui naquit au milieu des marais.

Le cinquième jour vit apparaître Néphthys,

---

1. Les Phallèphories étaient des processions en l'honneur de Dionysos, que l'on célébrait en Grèce pour honorer ce dieu fécondateur. En grande pompe on y portait le *Phallos,* symbole de la puissance génératrice et de l'activité féconde de Bacchos. Cf. DAREMBERG et SAGLIO, *Dict. des antiquités,* art. Bacchus ; DECHARME, *Mythol. de la Grèce antique,* p. 443-448. HÉRODOTE, II, 48, nous signale en Égypte, en l'honneur d'Osiris, un usage semblable.

que les uns appellent aussi Téleuté et Aphrodite, et quelques autres Victoire.

Osiris et Arouéris, ajoute-t-on, eurent pour père le Soleil ; Isis fut la fille d'Hermès, et Typhon et Néphthys furent engendrés par Cronos[1].

A cause de la naissance de Typhon, les rois regardaient comme néfaste le troisième des jours additionnels ; ils le passaient jusqu'à la nuit sans vaquer à aucune affaire, sans s'occuper du soin d'eux-mêmes.

On dit encore que Typhon prit pour femme Néphthys, qu'Isis et Osiris, amoureux l'un de l'autre, s'étaient unis avant même de naître dans le sein de leur mère. Et quelques-uns racontent qu'Arouéris, que les Égyptiens appellent Horus le Vieux et les Grecs Apollon, naquit de cette union.

13. Dès qu'Osiris régna, il arracha tout aussi-

1. Rhéa (ou la déesse de l'espace des cieux) fut donc fécondée par trois dieux Râ (ou le soleil suprême de l'intelligence éternelle) engendra Osiris et Apollon ; Hermès (ou le verbe créateur) engendra Isis, et Cronos ou la terre, Typhon et Néphthys. Diodore de Sicile, I, 13, nous dit aussi que de Cronos et de Rhéa naquirent cinq dieux dont la naissance coïncida avec un des cinq jours additionnels de l'année égyptienne. Ces dieux sont : Osiris, Isis, Typhon, Apollon et Aphrodite. Osiris fut le quatrième roi des dynasties divines qui régnèrent, dit-on, primitivement sur l'Égypte.

tôt les Egyptiens à leur existence de privations et de bêtes sauvages, leur fit connaître les fruits de la terre, leur donna des lois et leur apprit à respecter les dieux[1]. Plus tard, il parcourut la terre entière pour la civiliser. Il eut très rarement besoin de faire usage de la force des armes, et ce fut le plus souvent par la persuasion, par la raison, parfois aussi en les charmant par des chants et par toutes les ressources de la musique, qu'il attira vers lui le plus grand nombre d'hommes[2]. Telle est la raison pour laquelle les Grecs

1. « Osiris, dit aussi DIODORE DE SICILE, I, 14, fit d'abord perdre aux hommes la coutume de se manger entre eux, après qu'Isis eut découvert l'usage du froment et de l'orge, qui croissaient auparavant sans culture et confondus avec les autres plantes. Osiris inventa la culture de ces fruits, et par suite de ce bienfait, l'usage d'une nourriture nouvelle et agréable fit abandonner aux hommes leurs mœurs sauvages. » Sur les rapports de Déméter et d'Isis, sur leurs attributions communes, cf. P. FOUCART, *Les Mystères d'Éleusis*, ch. III.

2. Non seulement Osiris découvrit le froment, mais, comme le Dionysos des Grecs, il découvrit le vin et parcourut le monde pour y propager sa découverte. Osiris, dit en effet DIODORE DE SICILE, I, 15, « découvrit la vigne sur le territoire de Nysa; et, ayant songé à en utiliser le fruit, il but le premier du vin, et apprit aux hommes la culture de la vigne, l'usage du vin, sa préparation, sa conservation ». Après cette découverte, ajoute ce même auteur, I, 17, « Osiris rassembla une grande armée, dans le dessein de parcourir la terre et d'apprendre aux hommes la culture de la vigne... »

croient qu'Osiris est le même dieu que Dionysos[1].

Typhon, durant l'absence d'Osiris, n'osa rien innover, car Isis exerçait une surveillance tout à fait vigilante, et vigoureusement maintenait toutes choses en bon ordre. Mais au retour de ce dieu, Typhon lui tendit des embûches. Il s'adjoignit soixante-douze complices, et il fut en outre secondé par la présence auprès de lui d'une reine d'Éthiopie, qui s'appelait Aso[2]. Ayant pris en

---

Son expédition n'était point militaire ni dangereuse : la danse, la musique et la joie accompagnaient ce dieu. Aussi, partout on reçut Osiris comme un dieu bienfaisant. Sur Dionysos, cf. l'introduction qui précède notre traduction des *Bacchantes,* Paris, Payot, 1923.

1. Sur les rapports de Dionysos et d'Osiris, voir les belles pages de P. Foucart, *op. cit.*, chap. xviii, p. 440 sq. Sur la façon dont les Grecs identifiaient leurs dieux avec les dieux étrangers, en se basant moins sur la forme extérieure que sur l'idée dont ils étaient l'expression, cf. Lafaye, *op. cit.*, p. 8-9.

2. Suivant quelques exégètes, nous dira plus tard Plutarque, au paragraphe 39 de ce traité, les embûches dressées par Typhon contre Osiris ne représentent rien autre que l'intensité de la sécheresse qui évapore l'eau du Nil et le resserre en son lit. Osiris est le Nil ; Typhon, le principe brûlant qui consume tout, et la reine Aso est la personnification des vents du sud qui soufflent d'Éthiopie. En effet, le vent du midi, arrêtant les vents étésiens qui soufflent du nord, rend l'air brûlant, éparpille le Nil en mares pestilentielles, et s'oppose au progrès de toute végétation. Suivant Jablonski, *Panth. Ægyp.,* V, chap. iii, et Court de Gébelin, *Hist. du Calend.,*

secret la longueur exacte du corps d'Osiris, Typhon, d'après cette mesure, fit construire un coffre superbe et remarquablement décoré, et ordonna qu'on l'apportât au milieu d'un festin. A la vue de ce coffre, tous les convives furent étonnés et ravis. Typhon alors promit en plaisantant qu'il en ferait présent à celui qui, en s'y couchant, le remplirait exactement. Les uns après les autres tous les convives l'essayèrent, mais aucun d'eux ne le trouvait à sa taille[1]. Enfin Osiris y entra et tout de son long s'y étendit. Au même instant, tous les convives s'élancèrent pour fermer le couvercle. Les uns l'assujettissent extérieurement avec des clous ; les autres le scellent avec du plomb fondu. L'opération terminée, le coffre fut porté sur le fleuve, et on le fit descendre jusque dans la mer par la bouche Tanitique, bouche qui de ce fait est encore aujourd'hui exécrée par tous les Égyptiens et appelée *Maudite*. Ces évènements se passèrent, dit-on, le dix-sept du mois Athyr[2], qui est celui sous lequel le soleil

p. 528, les 72 complices de Typhon peuvent désigner les 72 régions du ciel d'où paraissent souffler autant de vents, ou bien la période de jours suivant laquelle soufflent ces vents éthiopiens.

1. La taille d'Osiris, dit MASPERO, *Hist. anc. des peuples*, t. I, p. 173, dépassait cinq mètres.

2. Le mois d'Athyr est le troisième de l'année égyptienne ; il

passe par le signe du Scorpion, et la vingt-huitième année du règne d'Osiris. Certains pourtant prétendent que ce nombre d'années correspond au temps de l'existence de ce dieu, et non pas à celui de son règne.

14. Les Pans et les Satyres, qui habitaient les alentours de Chemmis[1], furent instruits les premiers de cet événement. Ils propagèrent la nouvelle de ce qui était arrivé, et les frayeurs soudaines des foules, les épouvantes subites sont depuis lors et jusqu'à ce jour appelées, en souvenir de ce fait, des terreurs paniques.

Informée à son tour, Isis se coupa, dans le lieu même où elle apprit ce malheur, une boucle de ses cheveux, et se couvrit d'un vêtement de deuil. C'était à l'endroit où s'élève encore aujourd'hui la ville de Coptos[2] : nom qui signifie, suivant

correspondait à la fin d'octobre et à la plus grande partie de novembre. Son nom est celui de l'Aphrodite égyptienne, ou d'Hathor. Le 17 Athyr correspond au 13 novembre du calendrier Julien.

1. Chemmis, plus tard Panopolis, grande ville de la Haute Égypte, célèbre par son temple à Persée et par ses jeux gymniques. Cf. Hérodote, II, 91, 165; Diodore, I, 18.

2. Coptos est une ville de Thébaïde, située à l'E. du Nil, à quelque distance au-dessous de Thèbes. Cf. Strabon, XVII, 781, 815 ; Pline, V, 9, VI, 23. C'était une des forteresses et l'un des marchés les plus renommés de la Haute Égypte.

quelques auteurs, « *privation* », car κόπτειν, disent-ils, a le sens de *priver*. La Déesse alors erra de tous côtés, alla partout en proie à la plus grande angoisse, et jamais ne s'approcha de personne sans lui adresser la parole. Enfin, étant venue à rencontrer quelques petits enfants, elle s'enquit auprès d'eux du sort du coffre. Il se trouva que ces enfants l'avaient vu, et ils lui désignèrent la bouche par laquelle les amis de Typhon avaient conduit ce cercueil dans la mer. De là provient qu'en Égypte on attribue aux petits enfants une faculté prophétique, et qu'on tire particulièrement des présages des mots qu'ils font entendre quand ils jouent dans les temples, et qu'ils parlent au hasard [1].

1. Les Égyptiens, dit aussi Elien, *Nat., anim.*, XI, 10, prétendent qu'Apis est un devin excellent. Ils ne font pas asseoir auprès de lui des jeunes filles ou des femmes âgées sur des trépieds ; ils ne lui donnent point à boire un breuvage sacré. Mais celui qui vient prier ce dieu et interroger l'avenir reçoit sa réponse par la voix des enfants qui, subitement inspirés, jouent à l'extérieur du temple et dansent au son de la flûte. Sur Apis devin, cf. Sourdille, *op. cit.*, p. 278-279. Sur l'appel au concours des enfants pour révéler les secrets de l'avenir, Apulée, *Apolog.*, 43, nous a laissé ces lignes bien significatives : « Je suis convaincu, dit-il, qu'une âme humaine, surtout une âme simple, comme celle d'un enfant, peut, par l'entremise des incantations et par le charme des parfums, être endormie et entièrement enlevée à la conscience des

Isis apprit ensuite qu'Osiris amoureux avait eu, par méprise, en la prenant pour Isis elle-même, commerce avec Néphthys sa sœur[1]. Ayant trouvé dans la couronne de mélilot[2] qu'Osiris avait laissée auprès de Néphthys, un témoignage évident de leur union, Isis se mit à rechercher l'enfant que la mère, dans la crainte de Typhon, avait exposé tout aussitôt après lui avoir donné le jour.

choses de ce monde ; et, insensiblement, en oubliant le corps, être ramenée et rendue à sa nature, immortelle et divine comme on sait, et qu'alors, comme dans une espèce de torpeur, elle peut présager l'avenir. » C'est peut-être cet usage de se servir des enfants pour interroger l'avenir, qui fit accuser les Pythagoriciens d'immoler des enfants pour consulter les dieux Mânes. Cf. CICÉRON, *In Vatinium*, VI.

1. Néphthys, sœur d'Isis et épouse de Typhon, est une déesse dont le nom signifie, au dire de MASPERO, *Hist. anc. des peuples*, t. I, p. 134, la *Dame du château*. Elle est comme le reflet féminin de Typhon, son époux, et n'a pas un caractère personnel accusé. Comme Typhon est le dieu du désert et de l'aridité, Néphthys personnifie les pentes arides que l'inondation n'atteint pas, et, d'après Plutarque, parag. 38, les basses terres de l'Égypte qui confinent à la mer. Avec Isis elle se lamenta sur Osiris, et aida la Déesse à ensevelir son époux.

2. Lorsque le Nil, dit Plutarque, au parag. 38 de ce traité, se jette hors de ses rives, déborde, gagne et franchit l'extrême limite de la terre aride que représente Néphthys, les Égyptiens appellent cet inhabituel recouvrement, l'union intime d'Osiris et de Néphthys, union que révèlent les plantes qu'on voit aussitôt apparaître, et parmi ces plantes se trouve le mélilot.

Isis, conduite par des chiens, le retrouva difficilement et à grand'peine. Elle se chargea de le nourrir, et cet enfant, répondant au nom d'Anoubis[1], devint son accompagnateur et son gardien. On le dit préposé à la garde des dieux, comme les chiens le sont à la garde des hommes.

15. Bientôt après Isis fut avisée que le coffre, soulevé par la mer, avait été apporté sur le territoire de Byblos[2], et que le flot l'avait fait

---

1. Le dieu-chien *Anoupou* ou Anoubis était le dieu local de Cynopolis, ville de la Haute Égypte. Il personnifiait, selon Le Page Renouf, *Hibbert Lectures*, p. 112, « le commencement d'obscurité qui suit immédiatement la disparition du soleil, *l'entre chien et loup*. » Plutarque nous dira plus tard, parag. 38, qu'Anoubis personnifie l'horizon, aussi bien l'horizon où le soleil se lève que celui où il se couche. Après avoir, dans la légende osirienne, aidé Isis et Néphthys à ensevelir Osiris, il fut conçu comme une divinité funéraire. Il était *Celui qui ouvre les chemins*, et assistait à la pesée du cœur. Il ressemblait à ce titre à l'Hermès psychopompe ou conducteur des âmes des Grecs. Cf. Sourdille, *op. cit.*, p. 394, note 2; P. Virey, *La Relig. de l'anc. Egypte*, p. 168-169.

2. Byblos est une ville de Phénicie, célèbre par son culte d'Adonis, un dieu qui, comme Osiris, mourait pour ressusciter. Le coffre qui contenait le cadavre morcelé d'Osiris y aborda auprès d'une bruyère, un tamaris, croit-on. Sur l'influence qu'a pu exercer le mythe d'Adonis sur celui d'Osiris, rapport attesté par le fait que l'Adonis précipité dans la mer à Alexandrie était celui dont on recueillait la tête quelques jours après à Byblos, cf. F. Lenormant, *Les premières civilisations*, t. I, p. 390 sq. Voir aussi Lucien, *De la Déesse syrienne*, 9, et Lefébure, *Osiris à Byblos*, dans *Sphinx*, t. 5 et 6.

aborder doucement aux pieds d'un tamaris. Or, ce tamaris, ayant en peu de temps très magnifiquement développé et grandement activé sa croissance, étreignit ce coffre, poussa autour de lui et le cacha à l'intérieur de son bois[1]. Le roi du pays, émerveillé du développement de cet arbuste, ordonna de couper le tronc qui contenait cet invisible coffre, et d'en faire une colonne pour soutenir le toit de son palais. Instruite de ce fait, dit-on, par un vent divin de renommée, Isis se rendit à Byblos. Elle s'assit, effondrée et pleurante, auprès d'une fontaine, et n'adressa la parole à personne. Mais, quand vinrent à passer les servantes de la reine, elle les salua, les entretint avec bienveillance, s'offrit à tresser leurs cheveux et à imprégner tout leur corps de l'admirable odeur qui se dégageait de sa propre personne.

Quand la reine revit ces jeunes servantes, elle tomba tout aussitôt dans le désir de savoir quelle était l'étrangère, grâce à qui leurs cheveux et

1. Sur cette partie de la légende d'Osiris, racontée par Plutarque, cf. Théo. Dévéria, *Sur un bas-relief égyptien relatif à des textes de Plutarque*, Bibliot. Egypt., t. IV, *Mémoires et fragments*, t. II, p. 122-126. Voir aussi l'intéressant article intitulé, *Le pays de Négaou, près de Byblos, et son dieu*, de Pierre Montet paru dans Syria, t. IV, 1923. Peut-être, comme le donne à présumer cet auteur, l'arbre qui enveloppa le coffre d'Osiris était-il un sapin ?

leurs corps répandaient un parfum d'ambroisie. Ce fut ainsi qu'elle l'envoya chercher, qu'elle fit d'elle sa plus intime amie, et qu'elle la chargea d'être la nourrice de son petit enfant. Le roi de ce pays s'appelait, dit-on, Malcandre[1]. La reine, suivant les uns, se dénommait Astarté ; d'autres l'appellent Saôsis, et certains autres Némanous, mot que les Grecs traduiraient par Athénaïs[2].

1. Ce roi Malcandre, chez qui Osiris demeura entre l'instant de sa mort et le moment où Isis le retrouva pour le rendre à la vie, serait, d'après Isidore Lévy, le maître de l'Hadès phénicien. « Malcandre, dit-il, dans la *Revue archéologique*, juin-juillet 1904, p. 388, est Malk-Addir, le *Roi puissant* qui commande au royaume des Morts et dont on ne désigne qu'au moyen d'une périphrase évocative la personne redoutable. » Voir aussi E. Lefébure, dans le *Sphinx*, t. V-VI, *Osiris à Byblos*.

2. Astarté, à Byblos comme à Sidon, était particulièrement honorée comme la Déesse protectrice de ces villes. Elle se rapprochait ainsi d'Athéna Poliade, dont la vertu tutélaire s'étendait non seulement à la cité d'Athènes, mais encore à toutes les formes de l'activité de ses habitants. Pour Maspero, *Hist. anc. des peuples*, t. II, p. 571, Némanous se rapprocherait de la Déesse hermopolitaine Nahmaouit, variété d'Hathor, dont le nom signifie, d'après ce même auteur, t. I, p. 104, note, *Celle qui arrache le mal* ; et Saôsis, toujours d'après Maspero, *op. cit.*, t. I, p. 104, et *Etudes de Mythologie*, t. II, p. 247, serait la Déesse Iousâsît, épouse de Toumou, le créateur du ciel et de la terre ; son nom signifierait, comme Plutarque nous le dit de celui d'Athéna, *elle vient, elle grandit*. En phénicien, le nom de Némanous provient d'une racine qui signifie *garder, protéger, conserver.* Dans Saôsis, on peut aussi

16. Pour allaiter l'enfant, Isis, au lieu de la mamelle, lui mettait le doigt dans la bouche[1]. Durant la nuit, elle brûlait ce qu'il y avait de mortel en son corps. On dit aussi qu'Isis devenait parfois hirondelle, et qu'elle volait en gémissant tout autour de la colonne qui soutenait le toit. Cela dura jusqu'à ce que la reine, s'étant prise un jour à épier la Déesse et à pousser de grands cris en la voyant brûler son tout petit enfant, ravit à ce dernier le privilège de l'immortalité[2]. Isis alors

découvrir la racine σαὼ qui signifie en grec, *je conserve, je garde*. S'il en est ainsi, peut-être faudrait-il voir, comme le fait CHAMPOLLION-FIGEAC, *l'Egypte ancienne*, p. 249, dans le nom de cette compagne de Thot, ou de Némanous, *Celle qui préside à la conservation des germes*, attribution qui convient tant à l'Astarté phénicienne qu'à la déesse Isis avec laquelle cette première fut identifiée ?

1. Isis, en mettant le doigt dans la bouche de l'enfant et en le lui donnant à sucer, accomplissait ainsi un ancien rite d'adoption. Cf. MASPERO, *Hist. anc. des peuples*, t. II, p. 487-488, 571 ; ISIDORE LÉVY, *art. cit.*

2. La légende d'Isis, telle que la raconte ici Plutarque, a plusieurs traits de ressemblance frappante avec celle que nous chante, à propos de Déméter, l'hymne homérique. Quand Dèmèter, en effet, apprit l'enlèvement de sa fille, Corè, « une douleur aiguë la saisit au cœur ; elle déchira de ses mains les bandeaux qui retenaient sa chevelure ; elle jeta sur ses épaules un voile sombre et elle s'élança, comme un oiseau, sur la terre nourricière et sur les vagues, à la recherche de son enfant. » Pour la retrouver la Déesse errante, la Mère de douleurs supporta mille maux. Enfin, elle consentit à s'arrêter et à se reposer dans le palais de Kéléos. Métanire, la femme

se fit voir en Déesse et demanda la colonne qui supportait le toit. Sans peine aucune elle dégagea ce tronc de tamaris et le coupa ; puis, l'ayant enveloppé dans une fine toile, elle l'oignit d'essence parfumée et le confia aux mains du roi et de la reine. Déposé dans le temple d'Isis, ce morceau de bois est encore aujourd'hui, pour les habitants de Byblos, un objet de vénération. Quand elle eut ainsi retrouvé le cercueil, la Déesse se jeta sur lui et poussa des gémissements si aigus, que le plus jeune des fils du roi en devint comme mort. Secondée par l'aîné, elle plaça le cercueil sur un navire et le ramena. Mais, comme le fleuve Phédros en vint à l'aube du jour

---

de ce prince, confia son fils Démophon à Dèmèter. L'enfant grandit « comme un dieu, sans se nourrir de pain et sans sucer le lait. » Sa divine nourrice l'oignait d'ambroisie et, le tenant entre ses bras, elle soufflait doucement sur lui. Pendant la nuit, elle le cachait dans le feu, comme un tison. Mais, un jour, Métanire aperçut Dèmèter qui mettait l'enfant dans la flamme. Épouvantée, elle retira son fils des mains de sa nourrice ; et, sans le vouloir, elle lui ravit ainsi le privilège de l'immortalité, car la flamme où Démophon était déposé chaque nuit, devait, suivant une idée qui se retrouve dans le mythe du bûcher d'Héraklès et dans la légende d'Isis, purifier l'enfant de ses éléments terrestres et le rendre immortel. Sur les apports grecs, syriens et phéniciens, qui ont élaboré la légende d'Isis, telle que la raconte Plutarque, cf. WELLMANN, *Hermès*, XXXI, 1906, p. 250 sq.

à nourrir un vent plus violent que d'habitude, la Déesse irritée en dessécha le lit[1].

17. Dans le premier endroit désert qu'elle trouva, et quand elle se crut absolument seule, Isis ouvrit le coffre. Elle appliqua son visage sur le visage d'Osiris, l'embrassa et pleura. Mais le fils du roi la suivait par derrière et l'observait en silence. Isis en se retournant l'aperçut, et elle lui jeta dans sa colère un regard si terrible que cet enfant, ne pouvant supporter une telle frayeur, en mourut. D'autres pourtant racontent tout autrement sa mort, et rapportent que cet enfant tomba dans la mer à la suite des circonstances précédemment relatées[2]. Quoi qu'il en soit, cet enfant, à cause de la Déesse, reçoit de grands honneurs, car c'est lui que les Égyptiens, sous le nom de Manéros, célèbrent dans les festins. Certains pourtant prétendent que cet enfant s'appelait Palestinòs ou Pélousios, et que de son

---

1. Le Phédros est un ruisseau qui coule au Sud de Byblos. On l'appelle aujourd'hui l'Ouadi Fédar. Cf. PIERRE MONTET, *art. laud.*, p. 192 ; E. RENAN, *Mission de Phénicie*, p. 222, 284, 295.

2. Plutarque, au paragraphe 8 de ce traité, nous a dit que ce *nourrisson* de la Déesse Isis, ce fils de Malcandre et d'Astarté, à la cour desquels elle s'était introduite pour retrouver Osiris, « tomba dans le fleuve et s'y noya en voulant ramasser des oignons. »

nom fut appelée la ville que fonda la Déesse[1]. On dit aussi que ce Manéros, chanté par les Égyptiens, fut le premier créateur de l'art de la musique[2]. Selon d'autres, le nom de Manéros ne désigne personne : ce n'est qu'un mot employé par les hommes qui boivent, et usité dans les banquets pour dire : « *que tout ici soit fait avec mesure et opportunité !* » Tel est, assure-t-on, le sens que les Égyptiens donnent à ce mot de Manéros, chaque fois qu'ils le prononcent. C'est pour cela, sans doute, qu'ils montrent aux convives, en la faisant porter autour des tables, la figure d'un homme mort placé dans un cercueil ; ce n'est point, comme quelques-uns le supposent, en

---

1. Péluse est une ville située, dans la Basse Égypte, sur la rive E. de la bouche la plus orientale du Nil, nommée bouche Pélusiaque ; ville frontière très fortifiée, elle était la clef de l'Égypte au N.-E.

2. Manéros, dit Hérodote, II, 79, est le nom du fils unique de leur premier roi ; il mourut prématurément, et le peuple l'honora par une lamentation qui était chantée non seulement par les Égyptiens, mais par les Phéniciens, les Cypriotes, et les Grecs, qui l'appelaient *linos*. Cf. Athénée, XIV, 6. Sur l'origine de ce chant de deuil, cf. P.-J. de Horrack, *Les Lamentations d'Isis et de Néphthys*, p. 39, dans *Œuvres diverses, Bibliot. Egypt.*, t. XVII. Voir aussi Maspero, *Etudes de Myth. et d'Archéol. égyptiennes*, t. III, p. 402 sqq., et Lefébure, *Le premier roi d'Egypte*, dans *Sphinx*, t. III, p. 67-68.

souvenir de la fin tragique d'Osiris ; mais c'est pour exhorter ceux qui boivent à profiter et à jouir du présent, puisque bientôt tous seront ce qu'est ce mort, qu'ils introduisent ce déplaisant convive[1].

18. Isis, avant de se mettre en route pour se rendre auprès de son fils Horus, qui était élevé à Bouto[2], avait déposé le coffre où était Osiris dans un endroit retiré. Mais Typhon, une nuit

1. « Au banquet des riches, dit Hérodote, II, 78, quand le repas est achevé, un homme apporte, dans un cercueil, l'image en bois d'un corps mort imité parfaitement par le sculpteur et le peintre, et long d'une ou deux coudées. Cet homme, le montrant à chacun des convives, dit : *Vois celui-ci, bois et réjouis-toi ; tu seras tel après ta mort.* » Cette invitation à jouir du présent est en parfait accord avec les idées que Plutarque, en expliquant dans la suite (paragraphes 60-64) le symbolisme du mythe d'Isis et d'Osiris, développera. Pour s'unir avec intelligence au mouvement des choses, il ne faut ni trop se soucier du lendemain, ni trop regretter ce qu'hier nous donna ; mais accepter au gré des Heures ce que nous envoie la Providence qui gouverne le monde, et l'accepter avec bonheur et joie. Sur cet usage passé chez les Romains, cf. Pétrone, *Satyricon*, 34. Voir aussi Plutarque, *Banquet des sept sages*, 2.

2. Bouto est une ville de la Basse-Égypte, près de la bouche Sébennytique du Nil. Cf. Hérodote, II, 155-156. Le nom de cette ville signifie la *maison*, la *localité* de Uto, ou de Outit, déesse égyptienne que les Grecs confondirent avec Léto. Le fils d'Isis, Horus, y était élevé. Isis l'avait confié à Outit pour le soustraire aux embûches de Typhon, et le garder pendant qu'elle était à la recherche du coffre. Cf. Sourdille, *Hérodote et la religion de l'Egypte*, p. 78.

qu'il chassait durant un clair de lune, le trouva, reconnut le corps, le coupa en quatorze morceaux et de tous côtés les dispersa[1]. Informée de ce qui s'était passé, Isis se mit à leur recherche, monta sur une barque faite de papyrus et parcourut les marais. C'est depuis lors, que ceux qui naviguent sur des esquifs en papyrus[2], ne sont plus inquiétés par les crocodiles, soit que ces animaux redoutent, ou bien, par Zeus, respectent la Déesse. De là provient aussi que plusieurs tombeaux passent pour être en Égypte la sépulture d'Osiris, car Isis, dit-on, élevait un tombeau chaque fois qu'elle découvrait un tronçon du cadavre. Certains auteurs pourtant n'admettent pas cette légende. Selon eux, Isis fit des images de tout ce qu'elle retrouvait, et elle les donna successivement à chaque ville, comme si elle eût donné le corps entier. Elle voulait ainsi qu'Osiris

1. Selon DIODORE DE SICILE, I, 21 et IV, 6, « Typhon partagea Osiris en vingt-six parties, qu'il distribua à ses complices afin de les envelopper tous dans une haine commune, et de s'assurer ainsi des défenseurs de son règne. »

2. Sur les différents usages du papyrus qui servait à la nourriture, à faire du papier et à calfater les jointures des planches d'acacia destinées au montage des barques, cf. HÉRODOTE, II, 92, 96 ; DIOD. DE SICILE, I, 80. Les petites barques étaient faites en papyrus tressé, cf. LUCAIN, IV, 136 ; JUVÉNAL, XV, 127-128.

reçût le plus d'honneurs possibles, et que Typhon, s'il venait à l'emporter sur Horus, fût, dans sa recherche du vrai tombeau d'Osiris, égaré et trompé par la diversité de tout ce qu'on pourrait lui dire ou lui montrer[1]. La seule partie du corps d'Osiris qu'Isis ne parvint pas à trouver, ce fut le membre viril. Aussitôt arraché, Typhon en effet l'avait jeté dans le fleuve, et le lépidote, le pagre et l'oxyrrynque l'avaient mangé[2] : de là l'horreur sacrée qu'inspirent ces poissons. Pour remplacer ce membre, Isis en fit une imitation, et la Déesse ainsi consacra le Phallos dont

1. Pour cacher le tombeau de son mari, dit DIODORE, I, 21, et le faire vénérer par tous les habitants, Isis s'y prit de la manière suivante : « Elle enveloppa chaque partie dans une figure faite de cire et d'aromates, et semblable en grandeur à Osiris, et convoquant toutes les classes des prêtres les unes après les autres, elle leur fit jurer le secret de la confidence qu'elle allait leur faire. Elle annonça à chacune des classes, qu'elle lui avait confié de préférence aux autres la sépulture d'Osiris ; et, rappelant ses bienfaits, elle exhorta tous les prêtres à ensevelir le corps dans leurs temples, à vénérer Osiris comme un dieu, à lui consacrer un de leurs animaux, n'importe lequel ; à honorer cet animal pendant sa vie, comme autrefois Osiris, et à lui rendre les mêmes honneurs après sa mort. » Trad. Hoeffer.

2. Peut-être, dans cette allégorie d'Osiris, privé des marques de son sexe, comme Ouranos et Adonis, près des fontaines et des rivières, et dont le sang et la semence se mêlent avec les eaux, faut-il voir la survivance mythique d'un ancien rite de fécondation ?

aujourd'hui encore les Égyptiens célèbrent la fête[1].

19. Plus tard Osiris, revenant des Enfers, entreprit d'aguerrir Horus et de l'exercer au combat. Enfin, il lui demanda quelle action il estimait la plus belle. Horus répondit : « C'est de venger son père et sa mère, quand ils ont été indignement traités. » Après cette réponse, Osiris l'interrogea une seconde fois, et le pria de lui dire quel était l'animal qu'il présumait le plus utile à ceux qui vont au combat. Horus lui ayant

---

1. Isis, nous dit aussi Diodore, I, 22, n'ayant point retrouvé les parties sexuelles d'Osiris, « en fit construire une image dans les temples, et lui attribua un culte particulier dans les cérémonies et dans les sacrifices qu'on fait en l'honneur de ce dieu. C'est pourquoi les Grecs, qui ont emprunté à l'Égypte les orgies et les fêtes dionysiaques, ont le Phallos en grande vénération dans les mystères et les initiations de Bacchus. » Non seulement les Égyptiens, ajoute encore Diodore, I, 88, « mais encore beaucoup d'autres nations ont consacré dans leurs mystères l'organe de la génération... C'est de cette façon qu'ils rendent hommage au principe fécondant. » Sur les statuettes ithyphalliques que promenaient les femmes égyptiennes, cf. Hérodote, II, 48. Si le Phallos était ainsi honoré, c'est que la génération, dont le Phallos est l'organe, nous lie au mouvement de la vie qui anime le monde. Le Phallos droit est un mouvement qui a son principe dans le désir de la génération, et la génération, nous dit plus bas Plutarque, 80, est la manifestation par l'intermédiaire du mouvement, des Raisons qui séjournent dans l'impénétrabilité et l'invisibilité de l'Intelligence divine.

répondu que c'était un cheval, Osiris étonné ne s'expliquait pas pourquoi il n'avait pas nommé le lion plutôt que le cheval : « C'est, répliqua Horus, qu'un lion est utile quand on a besoin de défense, mais un cheval sert à disperser l'ennemi et à l'exterminer quand il a pris la fuite. » Osiris, charmé de ces réponses, considéra Horus comme suffisamment préparé au combat. On ajoute qu'alors une foule d'Égyptiens commencèrent successivement à passer comme transfuges dans les rangs d'Horus, et que Thouéris, la concubine de Typhon, les suivit. Comme un serpent poursuivait cette dernière, les partisans d'Horus[1] le

1. Horus est le Soleil porté comme sur un coursier. Il venge l'insulte que Typhon, en faisant dépérir le Nil, causa à Osiris, et il tue, comme Apollon dans sa lutte avec Python, le serpent qui symbolisait les sinueuses exhalaisons méphitiques qui montaient des fanges qu'il desséchait. La concubine de Typhon, Thouéris, semble être ici cette reine d'Éthiopie, nommée *Aso*, qui seconda Typhon dans sa conjuration contre Osiris. Elle personnifie les vents brûlants du Midi. Mais, comme dans l'automne au lever des vents étésiens, les vents du midi devenaient salutaires aux Égyptiens, en ce qu'ils favorisaient la retraite des eaux et permettaient d'ensemencer les terres, on exprimait ce changement heureux par la défection de Thouéris. Suivant Sourdille, *op. cit.*, p. 189, Thouéris, la concubine de Typhon, serait le nom même, Tooirit, de la déesse-hippopotame. L'hippopotame était, nous dit Plutarque, parag. 50, un animal typhonien. Pour Horapollon, le serpent est un emblème du Temps.

coupèrent en morceaux, et c'est en souvenir de ce fait qu'ils jettent encore aujourd'hui au milieu de leurs rangs un bout de corde qu'ils coupent en morceaux. Un grand combat se livra ; il dura plusieurs jours et se termina par la victoire d'Horus. Typhon garrotté fut remis entre les mains d'Isis. Mais la Déesse ne le fit point périr ; elle le délia et lui rendit la liberté. Horus en conçut une indignation excessive ; et, portant la main sur sa mère, il arracha le bandeau royal qu'elle avait sur sa tête. Hermès alors, pour remplacer ce bandeau, la coiffa d'un casque à tête de vache. Typhon ensuite intenta un procès à Horus, prétendant que c'était un bâtard. Mais, avec l'aide d'Hermès, Horus fut par les dieux déclaré légitime, et Typhon fut encore défait dans deux autres batailles[1]. Quant à Isis, avec qui Osiris avait eu commerce après sa mort, elle mit au monde avant terme et faible des membres inférieurs, un enfant qui reçut le nom d'Harpocrate[2].

1. Sur ce procès et ce jugement, cf. MASPERO, *Hist. anc. des peuples*, t. I, p. 177. Sur les luttes d'Horus et de Typhon, cf. NAVILLE, *Textes relatifs au mythe d'Horus*.
2. Fils d'Isis et d'Osiris, Harpocrate était Horus enfant, le Soleil qui naît, et que les Égyptiens représentaient, nous dit Plutarque, au paragraphe 11 de ce traité, comme un enfant nouveau-né sortant

20. Voilà quels sont à peu près les faits capitaux du récit. J'en ai supprimé les incidents les plus odieux, tels que le démembrement d'Horus[1] et la décapitation d'Isis[2]. Effectivement, si de telles fictions débitées sur le compte d'une nature bienheureuse et impérissable, telle qu'il convient surtout de nous représenter la nature de la divinité, sont crues et racontées comme des faits véritables qui se seraient réellement passés, je

---

d'un lotus. Plutarque, *op. cit,*, parag. 65, nous dit aussi qu'il personnifiait les germes qui commencent à pousser. Pour d'autres Harpocrate est le soleil affaibli de l'hiver. Sa lutte avec Typhon symboliserait le soleil levant qui dissipe les ombres de la nuit. On le représentait avec les attributs conventionnels de l'enfance : la tresse de cheveux sur l'oreille et le doigt *dans* la bouche. Les Grecs se le sont imaginé avec un doigt *sur* la bouche, et en ont fait, comme nous le dit Plutarque au parag. 68 de ce traité, un symbole de discrétion et de silence. Harpocrate symbolisait les incessants renouvellements de la vie, l'éternelle jeunesse, tout ce qui est, par l'alternance de la vie et de la mort, perpétuellement rajeuni. Quand Isis devint Aphrodite, Harpocrate fut assimilé à Éros.

1. « Horus, dit Diodore de Sicile, I, 25, fut massacré par les Titans, et trouvé dans les eaux par sa mère qui le rendit à la vie. » Sur le démembrement d'Horus, cf. Lefébure, *Le Mythe Osirien,* sect. I, *Les Yeux d'Horus,* p. 60 sqq.

2. Isis ayant désenchaîné et libéré Typhon, son fils Horus pour la punir la décapita. Mais Hermès ou Thot la transforma et lui donna une tête de vache. Cf. Sourdille, *Hérodote et la relig. de l'Egypte,* p. 80. Elle fut ainsi identifiée avec Hâthor, l'Aphrodite égyptienne.

n'ai pas besoin de te dire, Cléa, qu'il faut suivant l'expression d'Eschyle « *les rejeter en crachant et se rincer la bouche*[1]. » De toi-même d'ailleurs tu ne ressens qu'aversion contre ceux qui ont sur les dieux des opinions aussi extravagantes et aussi barbares. Je n'ai pas besoin de te dire non plus que le récit que je viens de te faire ne ressemble pas tout à fait à ces fables sans consistance, à ces inventions creuses que les poètes et que les prosateurs engendrent, comme des araignées, en les tirant d'eux-mêmes, les tissant et les allongeant sans aucun principe directeur. Mais il contient, tu le sais, des accidents réels et certains faits véritables. Et, de même que les mathématiciens disent que l'arc-en-ciel est une image du soleil diversement colorée par la réflexion de ses rayons dans la nue: de même, le mythe que je viens de te narrer est l'image d'une certaine vérité qui réfléchit une même pensée dans des milieux différents, comme nous le donnent à entendre ces rites empreints de deuil et de tristesse apparente, ces dispositions architecturales des temples dont les diverses parties tantôt se

---

[1]. Vers d'une tragédie perdue d'Eschyle, les *Mysiens*. Cf. ESCHYLE, édit. Didot, page 273.

développent en ailes, en libres esplanades exposées au grand jour, tantôt se cachent sous terre, s'étendent dans les ténèbres et présentent une suite de salles où l'on habille les dieux, rappelant à la fois des cases et des tombeaux[1]. C'est aussi ce que nous manifeste avec non moins d'évidence la réputation des tombeaux d'Osiris, car on dit que son corps est enseveli en plusieurs endroits. Néanmoins, on cite une petite ville, Diochite[2], qui seule renfermerait son tombeau véritable. D'autre part, les plus fortunés et les plus puissants des Égyptiens sont enterrés de préférence à Abydos[3], parce qu'ils se font un point d'honneur d'être ensevelis près du tombeau

1. Sur les cryptes des temples égyptiens et notamment sur celles de Dendérah, cf. MARIETTE, *Dendérah*, texte, p. 227-228. Leur entrée était connue des prêtres seuls ; on y déposait des statues en matière précieuse, des objets rares, des ornements, des parfums. Cf. MASPERO, *L'Archéologie égyptienne*, p. 73. Sur les dispositions architecturales des temples, cf. *ibidem*, p. 69-71, 85-86.

2. Diochite, dit Étienne de Byzance, est une bourgade d'Égypte dans laquelle est enseveli Osiris.

3. Il y avait en Égypte, dit VIREY, *Relig. de l'anc. Egypte*, p. 162, plusieurs tombeaux d'Osiris « autant que Set, son meurtrier, avait fait de morceaux de son corps dépecé. Mais c'est surtout auprès du tombeau d'Abydos qu'un grand nombre de pieux Égyptiens tenaient à être ensevelis, ou au moins représentés après leur mort par une stèle. » A Abydos on gardait la tête d'Osiris.

qui garde le corps d'Osiris. A Memphis où l'on nourrit le bœuf Apis, image de l'âme de ce dieu, on dit aussi que repose son corps, et cette ville, les uns prétendent que son nom signifie « *le port de tous les Bons* »; les autres l'appellent proprement « *le tombeau d'Osiris*[1] ». On dit aussi qu'il y a près de Philae[2], une petite île à tout le monde impénétrable et absolument inaccessible ; les oiseaux ne s'y abattent jamais, et les poissons ne s'en approchent pas. Toutefois, à une époque déterminée, les prêtres traversent l'eau pour aller y faire des sacrifices funèbres, couronner le tombeau qui s'y trouve et qui est ombragé par un plant de méthida[3] dont la hauteur dépasse celle de tous les oliviers.

21. Eudoxe, quand il rapporte que nombreux

1. Le nom de Memphis, *Minnofirou*, dit MASPERO, *op. cit.*, t. I, p. 234, « ·signifie le bon asile, le port des Bons, le sépulcre où les morts heureux venaient reposer auprès d'Osiris. » Cf. LEFÉBURE, *Le premier roi d'Egypte*, dans *Sphinx*, t. III, p. 73-74.

2. Philae est une île que forme le Nil, juste au-dessous de la première cataracte, à la frontière S. de l'Égypte du côté de l'Éthiopie. La petite île dont parle ici Plutarque s'appelait, au dire de DIODORE, I, 22, le *Champ sacré*. Osiris, disait-on, y était enterré. Cf. SERVIUS, Ad *Æneid.*, VI, 154 ; G. BÉNÉDITTE, *Le temple de Philæ*.

3. Plante inconnue. La tombe d'Osiris était, en général, ombragée par un arbre.

sont en Égypte les tombeaux qui passent pour être celui d'Osiris, dit que son corps est enseveli à Bousiris[1], car cette ville est considérée comme la patrie de ce dieu. Mais il n'est pas besoin d'un long discours pour montrer que son tombeau est à Taphosiris[2], puisque le nom même de cette cité signifie « *la sépulture d'Osiris* ». Je passe aussi sous silence l'usage de fendre du bois, de déchirer du lin et de répandre des libations, car à ces usages se mêlent de nombreuses explications mystiques[3]. D'ailleurs, non seulement les prêtres

1. Busiris est une ville de la Basse Égypte, bâtie au milieu du Delta, sur la rive occidentale du Nil. « En cette ville, dit Hérodote, II, 59, était le plus grand temple d'Isis. » Busiris est l'ancienne ville où régna féodalement Osiris. Son nom signifie la *localité*, la *maison d'Osiris*. Cf. Sourdille, *op. cit.*, p. 71.

2. On connaît deux Taphosiris ; l'une, *Taphosiris parva*, au nord-ouest d'Alexandrie, près de la mer ; l'autre, *Taphosiris magna*, au sud-ouest d'Alexandrie, dans l'intérieur des terres. Cf. Strabon, 799, 800 ; Étienne de Byzance, s. v. *Taposiris*.

3. Sur cet usage, cf. Lefébure, *Le Mythe Osirien*, sect. I, *Les Yeux d'Horus*, p. 197. Cet auteur croit que cette cérémonie était celle dans laquelle, à une fête d'Isis, on coupait un pin dont on remplaçait le cœur en y plaçant une statue d'Osiris, faite du même bois. Plutarque la passe sous silence, car il ne parle jamais, comme Hérodote, des rites funéraires. On ne peut guère relever à ce sujet, dans son traité, qu'une allusion, à la fin du paragraphe 28, relative au nom d'Osiris que l'on donnait aux défunts. Mise sur le compte du secret des Mystères, on la devine plutôt qu'on ne la lit.

d'Isis et d'Osiris, mais encore ceux des autres divinités qui ne sont ni incréées ni incorruptibles, disent que les corps de ces dieux, après les fatigues de l'existence, sont ensevelis auprès d'eux et par eux honorés, mais que leurs âmes brillent au ciel dans les astres. Ils ajoutent que l'âme d'Isis est appelée par les Grecs l'*étoile du Chien,* et *Sothis*[1] par les Égyptiens ; que celle d'Horus est dénommée *Orion,* et que celle de Typhon est *la Grande-Ourse*[2]. Quant aux tombeaux des animaux sacrés, toutes les tribus égyptiennes contribuent pour une part à leur édification ; seules, celles qui habitent la Thébaïde ne donnent rien, car elles ne reconnaissent aucune divinité mortelle, et le dieu qu'ils appellent Kneph[3], ils le considèrent comme incréé et impérissable.

1. « Chez les Égyptiens, dit Porphyre, *De ant. Nym.*, 24, le signe sous lequel commence l'année n'est pas le Verseau, mais le Cancer. Car près du Cancer, est l'étoile Sothis que les Grecs appellent l'étoile du Chien. »

2. Pour les Égyptiens, les astres étaient des *lampes* allumées au firmament. Ils concevaient les dieux-étoiles de la même façon que certains Pères de l'Église concevaient les anges chargés d'entretenir les feux du firmament : c'étaient des dieux *lampadophores.* Cf. Letronne, *Des opinions cosmographiques des Pères de l'Eglise,* dans ses *Œuvres choisies,* IIe série, t. I, p. 400 sqq.

3. *Kneph, Knouphis,* en égyptien *Khnoumou,* est une des plus anciennes divinités de l'Égypte. Dieu d'Éléphantine et des cataractes,

22. Comme les récits et les monuments de ce genre sont nombreux, quelques auteurs ont pensé qu'ils avaient été imaginés pour conserver le souvenir des grandes actions de ceux de leurs rois ou de leurs princes qui, par leur éminente vertu et leur grande puissance, s'attribuèrent la gloire de la Divinité, et tombèrent ensuite, desservis par le sort, dans de terribles malheurs. Ils esquivent ainsi, et bien commodément, la difficulté du récit, et ils reportent sur les hommes, non sans habileté, ce qui serait déshonorant pour les dieux, en se servant de l'aide que leur offrent les récits de ceux qui écrivent l'histoire. En effet, les Égyptiens prétendent qu'Hermès naquit avec un bras plus court que l'autre, que Typhon était roux, qu'Horus était blanc et qu'Osiris était noir, comme si ces dieux par nature eussent été des hommes. Ils désignent encore Osiris sous le nom de stratège, et Canopos[1], d'où l'astre ainsi

---

il gardait à la frontière méridionale de l'Égypte, l'entrée des pays barbares. Dieu créateur ou démiurge, il était appelé le fabricateur des hommes et des dieux ; il était un modeleur du monde. On le représentait généralement avec une tête de bélier. Cf. Maspero, *Etudes de Mythologie*, t. II, p. 273-275 ; P. Virey, *La Religion de l'anc. Egypte*, p. 174 ; Daressy, *Hymne à Khnoum*, 8, 25, 26, dans le *Recueil des travaux*, vol. XXVII ; Eusèbe, *Praep. Evang.*, III, 11, 125.

1. Canopos fut le pilote de Ménélas. Quand ce héros revint de

appelé tira son nom, disent-ils, sous celui de pilote. Bien plus, ils prétendent que la nef appelée Argo [1] par les Grecs est une imitation de la barque d'Osiris et que, par honneur pour ce dieu, elle a été placée parmi les astres et portée non loin d'Orion et de la Canicule, deux constellations que les Égyptiens regardent, la première comme consacrée à Horus et la seconde à Isis [2].

Troie, Canopos l'accompagna en Égypte. Il y mourut de la morsure d'un serpent, donna son nom à la ville de Canope, et à l'étoile de première grandeur, Canope, de la constellation australe du navire *Argo*. Rufin, *Eccl. Hist.*, II, 26, aurait pris, croit-on, pour les statues d'un dieu, les vases pansus à tête de divinités, appelés vases *canopes*, qui servaient en cette ville à filtrer l'eau du Nil. Pour d'autres, Canopos, image d'Osiris, identifié à l'eau du Nil, serait une antique divinité des eaux.

1. Argo est le nom de la nef, construite par Athéna, qui servit aux Argonautes pour aller à la conquête de la Toison d'or. Au retour de l'expédition, ce navire fut transformé en constellation.

2. Orion, nous dit Maspero, *Etudes de Mythologie et d'Archéologie égyptiennes*, t. II, p. 17, n'était pas consacré à Horus, mais à Osiris. « C'est un fait bien établi par les textes et les tableaux, dit Maspero, *op. cit.*, t. II, p. 19, que le dieu des Morts, Osiris, a été conçu comme une étoile-Orion, et les morts, ses sujets, comme autant d'autres étoiles, les *Indestructibles*, les *Immuables*. Cette conception découle naturellement de l'idée même qu'on se faisait d'Osiris. Osiris est en effet, par définition, le fils de la Terre et du Ciel. A sa mort, ces deux parents se sont partagé son être : le corps est resté sur la terre, et l'âme est allée au ciel. »

23. Mais je crains, en adoptant une telle explication, de remuer ce qui ne doit point être remué, et de *déclarer la guerre* non seulement, selon l'expression de Simonide[1], *à une longue suite de siècles,* mais encore *à de nombreuses races d'hommes,* à de multiples familles solidement attachées par leurs sentiments religieux à ces divinités. Je crains alors de ne manquer que de peu, de faire descendre du ciel sur la terre des noms si vénérables, d'en arriver à dénaturer et à détruire une croyance et un culte ancrés depuis l'origine des temps dans le cœur de presque tous les hommes, d'ouvrir de grandes portes à tout un peuple d'athées, de réduire les êtres divins à la mesure humaine et de donner enfin une éclatante approbation aux allégations fallacieuses de cet Évhémère de Messine[2]. Cet homme

---

1. Sur ce fragment de Simonide, cf. BERGK, 3, p. 522. Ce qui ne doit point être remué, dit PLUTARQUE, *Amatorius,* 12, c'est la foi de nos pères, l'ancienne foi, qui est le fondement, la base commune de la piété.

2. Evhémère de Messine, de l'école cyrénaïque, florissait probablement vers l'an 300. On ne sait rien de bien certain sur la vie de ce philosophe, sinon qu'il écrivit une *Histoire sacrée* dans laquelle il cherchait à éclaircir historiquement les mythes, et prétendait reconstruire l'histoire humaine de tous les dieux grecs, et montrer que ceux que l'on adorait ainsi n'étaient que des rois conquérants

en effet, en écrivant une mythologie insoutenable
et sans réalité, a répandu sur toute la terre habitée une impiété totale. Rayant d'un trait et indis-
tinctement tous les dieux reconnus, il remplaça
leurs noms par ceux des généraux, des amiraux
et des rois qui auraient, à l'entendre, anciennement existé, et dont les noms seraient inscrits en
lettres d'or dans l'île de Panchée. Or il n'y a
aucun Barbare, aucun Grec, si ce n'est le seul
Évhémère, à ce qu'il semble, qui ait pu aborder

ou bienfaisants, des hommes que la crainte ou l'admiration avaient
divinisés. DIODORE, dans un fragment du livre XVII de son histoire,
cité par EUSÈBE, *Præp. Evang.*, II, 2, 52 sqq. dit qu'Évhémère,
ami de Cassandre, roi de Macédoine, fut obligé, pour le service de
ce roi, d'entreprendre de longs voyages, et qu'il avança très loin au
midi de l'Océan. Il aborda dans une île, Panchée, habitée par les
Panchéens. Sur une colline élevée, il trouva un vaste et magnifique
temple dédié à Zeus Triphylien, et fondé par ce dieu même à
l'époque où, simple mortel, il régnait sur la terre et séjournait
encore parmi les hommes. Dans ce temple était une colonne d'or
sur laquelle on voyait gravés en caractères soit égyptiens, soit pan-
chaïques, les principaux faits du règne d'Ouranos, de Cronos, de
Zeus. Ce fut d'après ces monuments qu'Évhémère composa son
Histoire sacrée, dans laquelle, au rapport de MINUCIUS FÉLIX, *Oct.*,
28, il racontait la naissance des Dieux. Sur Évhémère, cf. DIO-
DORE, liv. V, 42-46 ; LACTANCE, *Divin. Instit.*, I, 11 ; PLUTARQUE,
De placit. philos., I, 7 ; et le tome II des *Frag. philos. græc.*, de
MULLACH, p. 431-438, éd. Didot. Voir aussi G. DUMÉRIL, *Évhémère
et l'Évhémérisme*, thèse, Toulouse, 1893.

et rencontrer ces Panchéens et ces Triphyliens, qui n'existent et qui n'ont jamais existé en aucun lieu du monde.

24. Toutefois, on glorifie chez les Assyriens les grandes actions de Sémiramis, et en Égypte les hauts faits de Sésostris. De nos jours encore, les Phrygiens qualifient de *Maniques* les exploits éclatants et dignes d'admiration, parce que jadis vécut chez eux un roi nommé Manis, d'autres disent Masdès [1], qui fut un homme insigne par sa vertu et sa puissance. Les Perses sous la conduite de Cyrus et les Macédoniens sous celle d'Alexandre atteignirent presque, dans leurs élans victorieux, les extrêmes limites de la terre. De tels hommes pourtant n'ont pas laissé d'autre nom ni d'autre souvenir que celui d'avoir été de bons chefs. Quant à ceux qui, pour employer une expression de Platon [2], *se laissant enfler par l'orgueil, livrant leur âme, tant par jeunesse que par irréflexion, aux flammes des passions,* ont accepté qu'on les appelât du nom des dieux, qu'on leur bâtît des temples,

---

1. Manis était un roi légendaire de Lydie. Cf. Hérodote, I, 94 ; IV, 45 ; Maspero, *op. cit.*, p. 296-297. Sur ce roi mythique, à caractère collectif, cf. Lefébure, *Le premier roi d'Égypte*, dans *Sphinx*, t. III, p. 74.
2. Platon, *Leg.*, 716 A. Platon dit ἀγνοίᾳ.

ceux-là n'ont obtenu qu'une gloire d'un épanouissement éphémère. Avec les peines dues à leur vanité et à leur arrogance, ils ont payé plus tard celles que leur valurent leur impiété et leur mépris des lois : « *Enlevés par une prompte mort, comme une fumée ils se sont envolés*[1]. » Et aujourd'hui, comme des esclaves que l'on traîne, ils ont été arrachés de leurs sanctuaires et de leurs piédestaux, et ils n'ont plus que des tombeaux et des sépulcres. Voilà pourquoi Antigone le Vieux[2], s'entendant proclamer dans les poésies d'un certain Hermodote[3] « *fils du Soleil et Dieu* », s'écria : « *Mon porteur de chaise percée sait aussi bien que moi que de telles épithètes ne me conviennent pas.* » C'est avec raison aussi que le sculpteur Lysippe blâma le peintre Apelle d'avoir fait d'Alexandre un portrait représentant ce roi avec la foudre en main. Pour lui, il l'arma d'une lance : « *Aucun temps*, disait-il, *ne lui enlèvera la gloire qu'il retira de cette arme; elle est son bien véritable et sa propriété.* »

1. Vers d'Empédocle, cf. Diels, frag. 2, vers 4, page 223, t. I.
2. Antigone le Vieux, surnommé *Gonatas*, fut un roi de Macédoine (278 à 242). Cf. Droysen, *Hist. de l'Hellénisme*, trad. Bouché-Leclercq, t. II et III.
3. Sur Hermodote, cf. Bergk, 3, p. 637.

25. Il est donc mieux de s'en remettre à ceux qui pensent que les récits des malheurs de Typhon, d'Osiris et d'Isis ne sont pas des revers éprouvés par des dieux, ni par des hommes, mais par ces grands Génies que Platon, Pythagore, Xénocrate et Chrysippe déclarent, d'accord en ceci avec les plus anciens théologiens, avoir été doués d'une nature plus vigoureuse que ne l'est celle des hommes [1]. Leur considérable puissance les

---

[1]. Pour bien comprendre ce que Plutarque veut ici nous dire, il sied tout d'abord de se rappeler, à notre avis, quelle était la définition de Dieu que Cicéron attribue à Pythagore. « Pythagore, écrit-il, *De Nat. Deor.*, XI, 27, dit que Dieu est une âme répandue dans tous les êtres de la Nature et dont les âmes humaines sont tirées. » Ce morcellement de l'âme universelle était, chez les Grecs, symbolisé par le mythe de Zagreus et chez les Égyptiens par celui d'Osiris. Mais, dit JAMBLIQUE, *Vit. Pyth.*, 31, les êtres doués de raison, c'est-à-dire ceux en qui résidait une étincelle du feu divin, étaient ainsi hiérarchisés : les dieux, les hommes, et ceux qui ressemblaient à Pythagore. Or, Pythagore était appelé un *Génie*. Les *Génies* étaient donc non seulement des intermédiaires entre les Dieux et les hommes, mais aussi parfois des hommes. Effectivement, l'Homme, d'après PLUTARQUE, *De facie in orbe lunae*, 27-31, n'était pas composé de deux parties seulement, l'âme et le corps, mais bien de trois : le *corps*, σῶμα, l'*âme*, ψυχή et l'*intelligence*, νοῦς, qui est la partie la plus divine de notre être. A la mort de l'homme, le corps restait à la terre. L'âme, si elle avait mené une vie pure, pouvait s'élever jusqu'aux régions supérieures, et s'y maintenir. Mais, tant qu'elle n'avait pas tué en elle tout attrait vers la terre, elle était exposée à retomber encore dans la génération.

met très au-dessus de notre condition. Le principe divin n'est en eux ni pur ni sans mélange, mais ils participent à la fois de la nature spirituelle de l'âme et des facultés sensitives du corps. Ils sont susceptibles de plaisirs et de peines, et

Ce sont ces âmes des hommes d'autrefois qu'on appelait des *génies* ou *héros*. Elles restaient *génies,* même quand elles retombaient sur la terre, car elles animaient alors un de ces êtres exceptionnels qui vivaient en contact direct avec la divinité. Quant aux âmes complètement purifiées, elles étaient affranchies du cercle des naissances. Ainsi l'homme, en se débarrassant par la vertu de tout ce qui en lui est périssable, s'élevait au rang de *génie*. Sa ψυχή l'accompagnait toujours. Mais il pouvait aussi, en se dépouillant et en se purifiant de plus en plus, arriver à une seconde mort, s'affranchir de sa ψυχή, libérer définitivement son νοῦς et devenir un dieu, car chez les *Génies,* comme chez les hommes, le vice et la vertu établissent des différences. Cf. PLUTARQUE, *De facie,* 944 E ; *De defec. oracul.,* 415 B et C, et *Vie de Romulus,* XXVIII. Esquissée par Hésiode et développée par Platon, cette doctrine de la transformation des hommes vertueux en génies, et de génies en dieux est exposée en maints endroits des *Livres Hermétiques,* mais notamment dans le *Poïmandrès,* p. 57-70, et dans le *Discours d'initiation* ou *Asclépios,* p. 113-172 de la traduction Louis Ménard. Sur les *génies,* les *esprits* et les *démons* dans la religion égyptienne, cf. G. FOUCART, *Encyclopaedia of Religion and Ethics* de J. Hastings, t. II, art. *Body,* et t. IV, art. *Demons (And Spirits)* (Égypt.). Sur les Génies dans Plutarque, cf. O. GRÉARD, *La morale de Plutarque,* p. 199 sqq. ; B. LATZARUS, *Les idées religieuses de Plutarque,* p. 98-121. Pour Évhémère les dieux ne sont et ne restent que des hommes ; pour Plutarque, des dieux comme Osiris, s'ils ont été des hommes, ne le sont pas restés ; ils se sont rendus dieux.

toutes les affections qui résultent de ces diverses modifications apportent plus ou moins de trouble chez ceux d'entre eux qui les subissent. Chez les Génies, en effet, de même que chez les hommes, le vice et la vertu établissent des différences [1]. En réalité, ce que les Grecs chantent des exploits des Géants et des Titans, de certains actes iniques de Cronos, des luttes opiniâtres de Typhon contre Apollon, des exils de Dionysos, des courses errantes de Dèmèter, ne diffère en rien des aventures d'Osiris et de Typhon, ni de tant d'autres récits mythologiques que chacun peut tout à loisir entendre [2]. Il faut en dire autant

---

1. « Inférieurs aux dieux, dit O. GRÉARD, *op. cit.*, p. 304, supérieurs à l'homme, les génies sont, comme l'homme aussi, plus ou moins vertueux, selon qu'ils dominent leurs passions ou en sont dominés. Il y a donc de bons et de mauvais génies. De là leur rôle et leur destinée. » Or, l'εὐδαιμονία, c'est-à-dire l'art de faire que son âme devienne un bon génie, était la félicité qu'attendait l'initié, le sage. A l'instant de sa mort, dit PLATON, *Cratyle* 398 B, l'homme vraiment bon est appelé à une glorieuse destinée : il devient génie. Les rites funéraires égyptiens semblent aussi concourir à ce but, et contribuer ensuite à nous garder la faveur de ceux qui sont passés à l'état de *génies*.

2. Tous ces mythes, en effet, que ce soit le démembrement de Zagreus par les Titans, la révolte et le châtiment des Géants, le déchirement d'Osiris par Typhon, ne sont que des symboles divers manifestant une même idée commune : l'effort tendu vers la réin-

de tout ce qui est voilé dans les cérémonies mystiques, de tout ce qui est gardé secret dans les initiations et de tout ce qu'on y préserve des regards de la foule [1].

26. Nous voyons encore Homère, quand il parle de mortels d'un mérite éminent, déclarer chaque fois qu'*ils ressemblent à des dieux* [2], qu'*ils se comportent comme des dieux* [3], qu'*ils participent à la pensée des dieux* [4]. Mais, quand il emploie le mot de « Génies », ce poète s'en sert pour indifféremment désigner les bons et les méchants. « *Approche ici, Génie,* dit-il ; *pourquoi jettes-tu un tel effroi parmi les Grecs* [5] ? »

Il dit encore :

« *Mais alors, semblable à un Génie, il s'élança pour un quatrième assaut* [6]. »

---

tégration de l'unité rompue, la recomposition par le bien de ce que morcelle le mal.

1. C'était dans les Mystères, dit PLUTARQUE, dans son traité *Sur les Sanctuaires dont les oracles ont cessé*, 14, dans les initiations, « qu'on pouvait saisir les manifestations et les preuves les plus frappantes de la vérité concernant les Génies. »
2. HOMÈRE, *Iliad.*, III, 16 ; *Odys.*, XIV, 173.
3. HOMÈRE, *Iliad.*, XII, 408 ; *Odys.*, I, 70.
4. HOMÈRE, *Odys.*, VI, 12.
5. HOMÈRE, *Iliad.*, XIII, 810.
6. HOMÈRE, *Iliad.*, V, 438 ; XVI, 705 ; XX, 447.

Et ailleurs :

« *Déesse qu'inspire un Génie, quels si grands maux ont donc perpétrés contre toi Priam et les fils de Priam, pour que dans ta fureur tu veuilles sans relâche renverser la ville forte et bien bâtie d'Ilion ?*[1] »

S'il s'exprime ainsi, c'est pour nous donner à entendre que la nature des Génies, tout comme leur volonté, est mixte et versatile. Aussi Platon attribue-t-il aux dieux olympiens ce qui est à droite et en nombre impair, et aux Génies ce qui est à gauche et en nombre pair[2]. Xénocrate[3] pense que les jours que l'on regarde comme néfastes, que les fêtes où l'on pratique certaines

---

1. Homère, *Iliad.*, IV, 31-33.

2. « Il me semble, dit Platon au IVe livre des *Lois,* 717 A, qu'après les honneurs dus aux habitants de l'Olympe et aux dieux protecteurs de l'État, on atteindra le but de la vraie piété, en immolant aux dieux souterrains des victimes du second ordre en nombre pair, et les parties de ces victimes qui sont à gauche ; réservant pour les dieux célestes les victimes du premier ordre, en nombre impair, et les parties qui sont à droite. » Jamblique, dans sa *Vie de Pythagore,* chap. xxviii, nous donne aussi, comme venant de Pythagore, un précepte semblable. Le nombre impair est plus parfait, en effet, parce que, ne pouvant être divisé et excluant l'opposition, il convient davantage à la majesté des dieux célestes. Voir aussi Plutarque, *Vie de Numa.*

3. Xénocrate, 396-314, est un philosophe de l'Académie, qui tenta d'expliquer Platon par Pythagore. Cf. Diog. Laert., VI, 15.

flagellations, où l'on se frappe la poitrine, où l'on profère des paroles de mauvais augure et des propos obscènes[1], ne sont pas ceux qui conviennent pour honorer les dieux et les bons Génies. Mais, ajoute-t-il, il y a dans l'air qui nous entoure des natures puissantes et fortes, hargneuses et sombres, qui se réjouissent en recevant de pareils hommages, et qui, une fois qu'elles les ont obtenus, préservent les hommes de plus grands maux.

Hésiode nous parle en revanche de secourables, de bons, de *purs Génies*, et il les appelle les *gardiens des hommes* : « *ils leur donnent la richesse* », dit-il, et ils ont « *ce privilège royal*[2] ».

[1]. Sur ces propos obscènes, qui dans les fêtes des *Thesmophoria* et des *Haloa*, en Grèce, faisaient partie du rituel et avaient un but religieux, cf. P. Foucart, *Les Mystères d'Éleusis*, p. 66-67. Hérodote, II, 60, nous signale un usage pareil en Égypte. Quel en était le but ? « Les puissances des passions, dit Jamblique, *apud* Lobeck, I, 689, quand elles sont comprimées, deviennent plus violentes ; mais si elles passent à l'acte, elles se satisfont, et ainsi purifiées, elles se calment. »

[2]. Hésiode, *Op. et. Di.* 126. Pour Hésiode, les Génies sont les âmes des hommes vertueux qui s'éteignirent dans l'Age d'Or. Ils méritèrent par la vie qu'ils avaient menée sur la terre leur bonheur et leur immortalité. Répandus partout ici-bas, ils sont les bons gardiens des hommes et les dispensateurs des richesses. Sur la conception que se faisait Hésiode des Génies, cf. J.-A. Hild, *Études sur les démons*, p. 108-112 ; P. Mazon, *op. cit.*, p. 64-65, 72.

Platon les désigne comme des interprètes et des serviteurs, tenant le milieu entre les dieux et les hommes, portant au ciel les supplications et les prières des hommes et apportant ici-bas les oracles et les biens qui nous viennent des dieux [1].

Empédocle aussi nous dit que les Génies portent la peine des fautes et des négligences qu'ils ont commises : « *L'air puissant,* dit-il, *les pousse dans la mer, la mer les crache sur le sol de la terre, la terre les renvoie dans les rayons brillants du soleil infatigable, et celui-ci les renvoie dans les tourbillons de l'air. L'un les reçoit de l'autre et tous avec horreur les rejettent* [2] », et cela jusqu'à

---

1. Les Génies, dit Diotime dans le *Banquet* 202 E, tiennent le milieu entre ce qui est mortel et ce qui est divin. Ils ont pour fonction « d'être les interprètes des hommes pour les dieux et des dieux pour les hommes ; de porter aux dieux les prières et les offrandes des hommes, et de rapporter aux hommes les injonctions des dieux et les faveurs qu'obtiennent les sacrifices. Remplissant l'intervalle qui sépare l'homme de Dieu, ils unissent le grand Tout à lui-même. » Voir notre traduction du *Banquet*, p. 129-131, Paris, Payot, 3ᵉ édit. Voir aussi JAMBLIQUE, *De Myst.*, I, 5.

2. Ces vers sont extraits des *Purifications* d'Empédocle. Cf. H. DIELS, *Die fragmente der Vorsokratiker*, t. I, p. 267, frag. 115. On peut comparer aux vicissitudes de ces *Génies* la magnifique description que PLUTARQUE nous fait, dans son traité des *Délais de la justice divine*, 565 E-566 B, des égarements qui attendent les âmes qui, insuffisamment purifiées, aspirent à renaître ici-bas, et qui,

ce qu'ils aient subi leurs châtiments et qu'ils se soient purifiés ; ils reprennent alors la place et le rang que leur assigne leur nature.

27. Toutes ces vicissitudes et d'autres semblables sont analogues, dit-on, à celles que l'on raconte au sujet de Typhon. On rapporte en effet que sa jalousie et son animosité lui firent commettre de terribles forfaits, qu'il jeta le désordre partout, remplit de maux la terre entière et la mer, et qu'enfin il paya justice de ses crimes. La sœur d'Osiris, qui était en même temps son épouse, se chargea de la vengeance[1]. Quand elle

---

entraînées par le désir, tombent dans le gouffre de la génération. Sur les âmes cherchant un corps humain pour s'y loger, et qui, dès qu'elles l'ont trouvé, sont précipitées dans la maladie, le tourment, la folie et le meurtre, cf. CHABAS, *De quelques textes hiéroglyphiques relatifs aux esprits possesseurs,* dans le *Bulletin arch. de l'A. F.,* juin 1856.

1. D'accord en ceci avec les traditions égyptiennes, Plutarque semble considérer Typhon comme ayant été un mauvais génie-homme, pendant sa vie terrestre. Même quand il eut changé d'état, Typhon, par sa méchanceté, resta ce qu'il avait été sur la terre : un mauvais esprit, un génie destructeur. Les Génies, ou les âmes libérées des hommes d'autrefois, restent donc soumis aux mêmes erreurs, aux mêmes passions, aux mêmes activités qu'ils avaient étant hommes. Les bons restent bons, bienfaisants, s'améliorent et parviennent, comme Osiris et Isis, à prendre place au rang des dieux. Les mauvais, comme Typhon, demeurent malfaisants, et se gardent mauvais, tant qu'ils n'ont pas été purifiés par les châti-

eut étouffé la folie de Typhon et mis fin à sa rage, elle ne voulut pas que tant de combats et que tant de luttes soutenues par elle, que tant de courses errantes, que tant de traits de sagesse et de courage restassent ensevelis dans le silence et dans l'oubli. Mais, par des figurations, des allégories et des représentations, elle unit aux initiations les plus saintes le souvenir des maux qu'elle avait alors endurés, consacrant ainsi tout à la fois une leçon de piété et d'encouragement pour les hommes et les femmes qui tomberaient sous le coup d'adversités pareilles[1].

ments qu'ils s'attirent. De là, tous les rites, plus ou moins magiques, pour apaiser les mauvais esprits et se concilier la faveur des bons. Cf. PLUTARQUE, *Sur les sanctuaires dont les oracles ont cessé*, 13, 14 sqq. Typhon fut, en effet, après avoir démembré Osiris, le cinquième roi des dynasties divines. Il succéda à son frère aîné sur le trône d'Égypte. Mais *Horus, fils d'Isis*, vengea son père Osiris et régna. Cf. PH. VIREY, *La Religion de l'ancienne Égypte*, p. 150-151.

1. *C'est moi*, dit un hymne à Isis, découvert dans l'île d'Ios, *qui ai pour les hommes institué les initiations*. Mais en quoi consistaient ces initiations ? Elles perpétuaient les rites par lesquels Osiris avait été rendu à la vie, et donnaient ainsi aux initiés un gage certain d'immortalité bienheureuse. Dans la scène capitale des Mystères, qui représentaient les malheurs d'Osiris, Isis, en vêtement de deuil, recherchait les membres de son époux, les trouvait, les réarticulait et leur donnait une nouvelle vie. Cf. P. FOUCART, *Les Mystères d'Éleusis*, p. 79-80 ; A. LOISY, *Les Mystères païens*,

Isis et Osiris, de bons Génies qu'ils étaient, ayant été pour leur vertu changés en dieux, comme le furent depuis Héraklès et Dionysos[1], reçoivent à juste titre les honneurs qu'on rend à la fois aux Dieux et aux Génies, car partout ils exercent, tant sur terre que sous terre, le plus étendu des pouvoirs. On dit en effet que Sarapis n'est autre que Pluton, et qu'Isis et Perséphone sont identiques[2]. Ainsi le déclare Archémaque

---

chap. v. A Éleusis, c'était aussi Déméter qui avait elle-même établi ses rites initiatiques.

1. Pour Plutarque, *De Malig. Herod.*, 13, Héraklès et Dionysos avaient vieilli dans la condition humaine.

2. « Les Égyptiens, dit aussi HÉRODOTE, II, 123, prétendent que Dionysos et Dèmèter (Osiris et Isis) règnent sur les Morts. » Ce second caractère d'Isis, de maîtresse des morts et de *Souveraine des demeures du Styx*, comme l'appelle APULÉE, *Métam.*, XI, nous paraît comme une conséquence de son premier caractère de déesse du sol fécond où germe la Végétation. Dèmèter fut aussi une déesse de la Végétation et devint une reine protectrice des Morts. « Il existe, dit H. WEIL, *Journal des savants*, 1895, p. 305, entre ces deux caractères de Dèmèter (comme d'Isis) un lien, sinon logique, du moins naturel. La terre nourrit tous les êtres ; d'après les idées des anciens, tout ce qui vit est sorti de la terre et tout ce qui meurt y retourne ; elle est la terre nourricière ; elle est aussi le tombeau des hommes. Il est donc assez naturel que les divinités chtoniennes, qui président à l'agriculture, règnent aussi sur les morts, et que les vivants cherchent à se les rendre favorables en vue du séjour qu'ils feront près d'elles. »

d'Eubée[1], et Héraclide du Pont[2] croit que l'oracle de Canope[3] est celui de Pluton.

28. Ptolémée Soter vit en songe le colosse de Pluton qui était à Sinope[4]. Il en ignorait l'existence et il ne savait pas, ne l'ayant auparavant jamais vu, quelle en était la forme. Dans cette

1. Archémaque d'Eubée avait composé une histoire de sa patrie, souvent citée par les auteurs anciens.
2. Héraclide du Pont, ainsi nommé parce qu'il était né à Héraclée, dans le Pont, était un philosophe grec, disciple de Platon et d'Aristote. Il avait composé un grand nombre d'ouvrages sur la philosophie, l'histoire, les belles-lettres et même la musique. Il vivait vers 385 av. J.-C. Cf. A. et M. CROISET, *op. cit.*, t. V, p. 125. Dans son traité *Sur les Oracles,* il essayait d'identifier les dieux de la Grèce avec ceux de l'Égypte.
3. Canope était une ville de la Basse Égypte, à l'E. d'Alexandrie, près de l'embouchure la plus occidentale du Nil, appelée *bouche Canopique* (Cf. plus haut, p. 81, note 1). Elle était fameuse par un grand temple de Sarapis. Placé dans le temple du dieu, l'oracle de Canope était très célèbre. On lui attribuait plusieurs guérisons extraordinaires et des prédictions de l'avenir. Cf. STRABON, XVII, 551.
4. Ptolémée Soter, fils de Lagus, prit le titre de roi l'an 323 av. J.-C. Sinope était une ville hellénique du Pont sur la côte phrygienne. Le dieu dont la statue existait à Sinope était Pluton. A son arrivée à Alexandrie, on l'identifia avec Sarapis, divinité égyptienne dont les attributs avaient quelque analogie avec les siens. Sur la façon détaillée dont fut enlevée cette statue, malgré le peuple qui s'y opposa durant trois ans, cf. TACITE, *Hist.*, IV, 83-84 ; LAFAYE, *Hist. du culte des Divinités d'Alexandrie*, 1884 ; BOUCHÉ-LECLERCQ, *La politique religieuse de Ptolémée Soter,* dans la *Revue de l'Histoire des Religions,* XLVI, 1902, p. 1 sqq.

vision le dieu lui ordonna de faire transporter au plus vite à Alexandrie cette gigantesque figure. Ptolémée, ignorant où elle était dressée, était embarrassé ; et, comme il racontait à des amis sa vision, il se trouva parmi eux un homme, du nom de Sosibios, qui avait beaucoup voyagé. Il déclara qu'il avait aperçu dans Sinope un colosse pareil à celui que le roi dans son songe avait vu. Ptolémée alors envoya Sotelès et Denys, et ces deux hommes, après beaucoup de temps et de peines, et non toutefois sans le secours d'une providence divine, parvinrent à enlever furtivement le colosse et à le ramener avec eux. Dès que cette figure transportée fut visible, Timothée et Manéthon le Sébennyte conjecturèrent par le Cerbère et le dragon qu'elle avait comme emblèmes, que c'était une statue de Pluton, et ils persuadèrent Ptolémée qu'elle ne représentait aucun autre dieu, que Sarapis[1]. Au lieu d'où elle

---

1. Le Cerbère tricéphale (chien, lion, loup), dit BOUCHÉ-LECLERCQ dans *La politique religieuse de Ptolémée Soter et le culte de Sarapis*, *Revue Hist. des Relig.*, t. XLVI, année 1902, p. 17, avec le serpent enroulé autour du corps, accompagnait ordinairement la statue de Sarapis assis. Timothée était un prêtre d'Éleusis, un eumolpide, qui vint à Alexandrie, à l'instigation des Ptolémées, organiser une religion des Mystères en combinant la vieille foi des Pharaons avec les Mystères de la Grèce. De ce culte nouveau sortit Sarapis. Les

venait en effet, elle ne portait pas ce nom ; mais une fois transportée à Alexandrie, ce fut ainsi qu'on la désigna, car elle reçut des Egyptiens le nom de Sarapis, qui est celui sous lequel ils désignent Pluton.

Ce que dit encore Héraclite le physicien, qu' « *Hadès est le même dieu que Dionysos, en l'honneur de qui ils tombent en délire et célèbrent la fête des pressoirs,* » tend aussi à confirmer cette opinion[1]. Dire que par le mot *Hadès*, comme quelques-uns le prétendent, Héraclite entend le *corps* dans lequel est notre âme, qui est en lui comme livrée à une sorte de folie et d'ivresse, c'est avoir recours à une inconsistante et pauvre allégorie. Il est mieux de ne faire qu'un seul personnage d'Osiris et de Dionysos, de Sarapis et d'Osiris, car Osiris reçut l'appellation de

Égyptiens y reconnaissaient Osiris ; les Grecs, Dionysos et Hadès. Cette tentative fut un des grands efforts du syncrétisme alexandrin pour arriver à constituer une religion universelle. Sur Sarapis, cf. Isidore Lévy, *Sérapis*, dans la *Revue d'Hist. des Religions*, nov.-déc. 1909; mars-avril 1910-1911 ; mai-juin 1913. Sur le culte de Sarapis, cf. F. Cumont, *Les Religions orientales dans le paganisme romain*, 1909, p. 111-151 ; Lafaye, *Hist. du culte des Divinités d'Alexandrie*, 1884. Sur la représentation de Sarapis, cf. Amelung, *Le Sérapis de Bryaxis*, Revue Archéol., 1903, t. II, p. 178.

1. Cf. Héraclite, *frag.*, 15, édit. Diels.

Sarapis quand il changea de nature. Voilà pourquoi Sarapis est un nom commun à tous ceux qui éprouvent ce changement, aussi bien d'ailleurs que le nom d'Osiris, comme le savent ceux qui sont initiés aux Mystères sacrés[1].

29. Il ne convient donc pas de s'arrêter à ce que mentionnent les livres des Phrygiens, où il est écrit qu'Isis fut la fille de Charopos qui naquit de Prométhée, et que Typhon descendit d'Eaque qu'engendra Héraklès. Il faut aussi absolument rejeter ce que raconte Phylarque[2], quand il dit que ce fut Dionysos le premier, qui des Indes conduisit en Egypte deux bœufs, dont l'un s'ap-

1. Osiris, d'après Plutarque, reçut le nom de Sarapis quand, de bon génie qu'il était, il devint dieu en changeant d'état. Ce nom de Sarapis et d'Osiris était commun à tous ceux qui subissaient un changement d'état analogue. Effectivement, quand le *féal* d'Isis était mort, embaumé et costumé comme Osiris l'avait été par Isis, le défunt devenait semblable à Osiris. Comme lui, il ne pouvait mourir. Il devenait l'*Osiris un tel*. Le mort conservait son nom ; mais, pour signifier qu'il avait obtenu l'état glorieux du dieu avec lequel il s'était identifié, il recevait comme prénom le nom divin. Cf. Foucart, *Les Mystères d'Éleusis*, p. 80-81 ; Erman, *La religion égyptienne*, p. 136; Maspero, *op. cit.*, p. 46. L'isiaque initié se faisait aussi représenter avec le costume et les attributs de Sarapis. Cf. F. Cumont, *op. cit.*, p. 278, note 76.

2. Phylarque fut un historien des conquêtes d'Alexandre. Il vivait dans la seconde moitié du IIIe siècle. Cf. A. et M. Croiset, *op. cit.*, t. V, p. 108.

pelait Apis et l'autre Osiris, et que Sarapis, dont le nom dérive de σαίρειν (mot qui signifie suivant certains exégètes *embellir*, *ordonner*) est l'appellation de celui qui entretient l'ordre dans le monde universel. Ces assertions de Phylarque sont absurdes, et plus absurdes sont encore celles de ceux qui prétendent que Sarapis n'est pas le nom d'un dieu, mais qu'on désigne par ce mot le cercueil d'Apis[1], qu'il existe à Memphis certaines portes d'airain, appelées portes du Léthé et du Cocyte[2], qu'on ouvre lorsqu'on célèbre les funérailles d'Apis, qu'elles font alors un bruit pesant et dur, et que c'est pour cela que nous portons la main pour en arrêter le bruit, sur toute chose en airain qui résonne. Plus raisonnables

1. Parmi ceux qui prétendent que le mot Sarapis n'est pas le nom d'un dieu, CLÉMENT D'ALEXANDRIE, *Strom.*, I, 383, cite Nymphodore qui prétendait que, lorsque le bœuf Apis était mort, qu'on avait embaumé et mis son corps dans un cercueil, on lui donnait le nom de *Soroapis*, de σορός-Ἆπις, *cercueil d'Apis*, nom que l'usage avait changé en Sarapis ou Sérapis. L'Apis défunt, dit MASPERO, *op. cit.*, p. 38, « devenait un Osiris, et prenait le nom d'Osor-Hapi, Osiris-Apis, d'où les Grecs ont tiré le nom de leur Sérapis ».

2. Ces portes du Léthé, fermées par des verrous d'airain, ne s'ouvraient, dit-on, que pour introduire la momie du bœuf Apis dans sa dernière demeure. Cf. DIODORE DE SICILE, I, 96 ; PAUSANIAS, I, 18.

sont ceux qui affirment que le nom de Sarapis, dérivant de σεύεσθαι et de σοῦσθαι, *se précipiter, s'élancer,* exprime le mouvement qui anime l'ensemble du monde universel[1]. Toutefois, la plupart des prêtres égyptiens veulent que ce nom soit composé de ceux d'Osiris et d'Apis, établissant ainsi et voulant nous apprendre qu'il faut voir en Apis une image aux belles formes de l'âme d'Osiris. Pour moi, si ce nom de Sarapis est un mot égyptien, je pense qu'il doit manifester la *joie* et la *gaieté,* et je me fonde sur ce que les Égyptiens appellent σαίρει, les *jours de joie et de réjouissance.*

Effectivement, Platon assure que le mot *Hadès* veut dire *fils de l'Indulgence,* parce que ce dieu est favorable et doux à ceux qui viennent à lui[2]. Du reste, chez les Égyptiens, divers et nombreux mots équivalent à des phrases entières. Ainsi, pour désigner le lieu souterrain dans lequel ils croient que les âmes s'en vont après la mort, les

1. Cette étymologie correspond à l'explication métaphysique et morale, que Plutarque, aux paragraphes 60 à 64 de ce traité, donnera du mythe d'Osiris, d'Isis et de Typhon.
2. Sur la bienveillance d'Hadès à l'égard de ceux qui demeurent près de lui, cf. PLATON, *Cratyle* 403 C. Dans les Enfers, dit aussi PLUTARQUE, *De superst.*, 13, c'est la douceur et l'humanité d'Hadès qui retiennent les âmes.

Égyptiens emploient le mot *Amenthès* qui signifie : *celui qui reçoit et qui donne*[1]. Quant à savoir si ce dernier mot est un de ceux qui furent anciennement transportés de Grèce en Égypte, nous examinerons plus tard cette question. Pour l'instant, continuons à poursuivre l'explication que nous avons entreprise.

30. Isis et Osiris de bons Génies, avons-nous dit, se changèrent en Dieux. Quant à Typhon, dont la puissance, affaiblie et brisée, ne semble

---

[1]. L'*Amenthès* ou l'*Amentit*, « l'*Occident* », est une terre de sommeil et de lourdes ténèbres, la région où se rendent les Morts en suivant la route du soleil mourant. Cf. MASPERO, *Études de Mythol. et d'Archéol. égyptiennes*, t. I, p. 346-347. Au milieu de cette contrée terrible étaient les *Jardins d'Ialou*, une sorte d'Égypte céleste, d'une fertilité inépuisable, au sein de laquelle les âmes justes étaient à l'abri de l'infortune. L'Amentit, comme l'Hadès grec, est donc ce qui *reçoit* les âmes et leur *donne* leurs récompenses. Or, quelle était cette récompense ? Ne serait-ce pas la faculté que le défunt, lorsque son cœur ou sa conscience, ayant été pesé, avait été reconnu véridique, obtenait de sortir victorieux et de revêtir à son gré toutes les formes qu'il pouvait désirer ? D'après le mythe du *Phèdre* 249 AB et de la *République* 617 D-618 C, 619 BE, 610 AD, les âmes avaient aussi le don, pour Platon, de choisir elles-mêmes leur destinée. Cf. PIERRET, *Le livre des Morts des Anciens Égyptiens*, passim ; JÉQUIER, *Le livre de ce qu'il y a dans l'Hadès*, 1893 ; P.-J. DE HORRACK, *Le livre des Respirations*, dans *Œuvres diverses*, p. 120, 122, 134, et E. LEFÉBURE, *L'Amtuat et son texte*, t. I, dans *Sphinx*, et t. III, *Le paradis égyptien*.

plus que lutter contre la mort et convulsivement se débattre, tantôt les Égyptiens le calment et l'adoucissent par des sacrifices[1], tantôt, dans de certaines fêtes, ils l'humilient et l'accablent d'outrages[2], soit en insultant les hommes qui ont des cheveux roux, soit en précipitant un âne du haut d'un précipice, comme le font les Coptites, parce que Typhon portait des cheveux roux et que les ânes sont de cette couleur[3]. Les Bousirites et les Lycopolitains[4] ne font absolument

1. Sur les sacrifices destinés à adoucir et à apaiser les mauvais Génies dont on veut détourner la colère, cf. PLUTARQUE, *De Defect. orac.*, 14.

2. DIODORE DE SICILE, I, 26, nous dit qu'il y avait dans les temples égyptiens des figurations de Géants qui étaient frappés par Osiris. A certains jours, les prêtres les battaient.

3. Typhon portait des cheveux roux, de la couleur des sables du désert, parce que Typhon, dit E. NAVILLE, dans *la Relig. des Anciens Égyptiens*, p. 108, originairement « représente la terre du désert, rocheuse, aride, celle qui ne produit rien, et que par conséquent on peut considérer comme ayant une sorte d'hostilité à l'égard de la terre bienfaisante à laquelle Osiris — l'élément humide — fait produire de riches moissons ». Non seulement Typhon, suivant cet auteur, représente le désert, mais aussi les fauves qui paraissent en sortir. C'est donc à cause de la couleur de son poil que l'âne était un animal typhonien.

4. « Les Bousirites, les Lycopolitains et les habitants d'Abydos, dit aussi ÉLIEN, *Nat. anim.*, X, 28, ont en horreur le son de la trompette, parce qu'il ressemble au braiment de l'âne. »

jamais usage de trompettes, car ils trouvent que le son de ces instruments ressemble au cri de l'âne[1]. Et, pour tout dire en un mot, les Égyptiens pensent que l'âne est un animal impur, possédé par un mauvais Génie, à cause de sa ressemblance avec Typhon. Dans les sacrifices qu'ils célèbrent au mois de Payni[2] et au mois de Phaophi[3], ils façonnent des galettes qu'ils marquent d'une empreinte où se voit la figure d'un âne enchaîné, et dans le sacrifice qu'ils offrent au Soleil, ils transmettent à ceux qui vénèrent ce dieu l'ordre de ne point porter sur eux des objets d'or et de ne pas donner à manger à un âne. Il apparaît d'autre part que les Pythagoriciens attribuent à Typhon la puissance d'un Génie[4]. Ils

1. « C'est un sacrilège, dit encore PLUTARQUE, *Banquet des sept Sages*, 2, chez les Égyptiens, d'écouter même une trompette, parce qu'elle rend un son qui ressemble au cri de l'âne, et que l'âne, à cause de Typhon, est abhorré des Égyptiens. »

2. Le mois Payni, dixième mois de l'année égyptienne, répondait à la fin de mai et à une grande partie de juin.

3. Le mois Phaophi, deuxième mois de l'année égyptienne, commençait à l'équinoxe d'automne, 22-23 septembre.

4. Les Pythagoriciens, au témoignage d'ÉLIEN, *Nat. anim.*, X, 28, disaient de l'âne qu'il est le seul animal qui ne soit pas né conformément aux lois de l'harmonie, et qu'il est, de tous les animaux, le plus insensible aux accents de la lyre ; de là le proverbe : *c'est un âne écoutant la lyre.*

disent, en effet, qu'il est né à la moitié du nombre pair dont chaque partie égale représente cinquante-six[1]. Ils affirment en outre que le triangle représente la puissance d'Hadès, de Dionysos et d'Arès, que le carré exprime celle de Rhéa, d'Aphrodite, de Dèmèter, d'Hestia et d'Hèra, que le dodécagone renferme celle de Zeus, et que le polygone de cinquante-six côtés figure celle de Typhon, comme le rapporte Eudoxe[2].

1. Ce nombre est 112, dont la moitié est 56. Or, $5 + 6$ donne 11, et le nombre 11 est le symbole de la dissociation, de la division, de la révolte, de l'égarement et du mal : c'est le premier nombre, après la perfection de la décade, qui s'en sépare. Cf. R. ALLENDY, *Le symbolisme des nombres*, p. 323 sq.

2. Les Pythagoriciens, pour expliquer la nature des dieux et leur action dans le monde, avaient inventé une sorte de théologie arithmétique, dans laquelle ils appliquaient aux nombres les prérogatives des dieux, et combinaient leurs rapports à la façon de leur système. Le triangle signifiait, croyons-nous, qu'Hadès, la monade mâle et femelle, le chaos cosmogénique où tout était mêlé et un, se manifestait par l'entremise de deux forces symbolisées par Dionysos, dieu générateur, et par Arès, dieu destructeur. Le carré signifiait que Rhéa, la mère des dieux, la source de la durée, se manifestait par les modifications des quatre éléments symbolisés par Aphrodite qui était l'*eau* génératrice, par Hestia qui était le *feu*, par Dèmèter qui était la *terre*, et par Hèra qui était l'*air*. Le dodécagone, l'image du monde, selon Platon, marquait la puissance de Zeus, car cette figure géométrique est la plus parfaite des figures, car elle est la seule qui puisse toutes les contenir en elle-même. Quant au polygone que symbolise Typhon, il est formé par un

31. Les Égyptiens, parce qu'ils croient que Typhon est roux, lui sacrifient des bœufs de couleur rousse, et ils observent si scrupuleusement cette prescription que si l'animal a un seul poil noir ou blanc, ils le jugent indigne d'être immolé[1]. Ce n'est point en effet, d'après eux, ce qui est cher aux dieux qu'on doit leur sacrifier, mais au contraire tous ceux des animaux qui ont reçu, quand elles changent de corps, les âmes

---

nombre, 56, qui représente, au dire de Claude de Saint-Martin, « l'Être pervers aux prises avec les principes de la nature et livré à sa propre justice ». Sur la théologie arithmétique, cf. A. DELATTE, *Études sur la littérature pythagoricienne*, chap. IV; CHAIGNET, *Pythagore*, p. 313 sq., t. II.

1. Les bœufs roux étaient seuls immolés à Typhon, car la terre rouge du désert était Typhon. Mnévis était noir, parce qu'il symbolisait la terre noire et fertile du Delta. « Si, sur le bœuf à immoler, dit à son tour HÉRODOTE, II, 38, on découvre un seul poil noir, il est présumé impur. L'un des prêtres, dont c'est la fonction, examine le cas, la bête étant maintenue debout, puis couchée à la renverse. Il lui fait aussi tirer la langue pour reconnaître si elle est pure... Enfin, il regarde les poils de la queue et s'assure s'ils croissent naturellement. Lorsque sur tous les points la bête est pure, on la marque en enroulant autour de ses cornes de l'écorce de papyrus ; puis le prêtre y applique de la terre à sceller, sur laquelle il appose son cachet ; après quoi on l'emmène. » Les bœufs *purs* ou propres au sacrifice sont ceux qui ne portaient aucune des marques sacrées qui servaient à distinguer Apis ou Mnévis. Cf. SOURDILLE, *op. cit.*, p. 221. Sur le sacrifice à Typhon des hommes et des animaux roux, cf. E. LEFÉBURE, dans *Sphinx, Le sacrifice humain*, t. III, p. 140-144.

des hommes injustes et impies. Voilà pourquoi les prêtres, après avoir prononcé des malédictions sur la tête de la victime et la lui avoir tranchée, la jetaient autrefois dans le fleuve ; aujourd'hui ils la donnent aux étrangers[1]. Le bœuf qui devait être immolé était marqué d'un sceau par des prêtres appelés *Sphragistes*[2], et

---

[1]. « Voici comment, dit Hérodote, II, 39, se fait le sacrifice. Lorsqu'on a amené la bête marquée devant l'autel où l'on veut sacrifier, on allume le feu, ensuite auprès d'elle on fait sur l'autel des libations de vin, et l'on invoque le dieu, puis on égorge la victime, et, quand elle est égorgée, on lui tranche la tête. On écorche le corps, et, après avoir chargé la tête d'une longue imprécation, on la porte au marché, s'il y en a un, et, s'il s'y trouve quelque marchand grec trafiquant dans le pays, on la lui vend ; s'il n'y a pas là de marchand grec, on la jette dans le fleuve. L'imprécation qu'il prononce sur cette bête est ainsi conçue : « *S'il doit advenir quelque malheur à ceux qui offrent ce sacrifice ou à l'Égypte entière, que le mal soit détourné et tombe sur cette tête !* »

[2]. *Sphragistes* équivaut à *scelleurs*. Clément d'Alexandrie, *Strom.*, VI, 36, nous parle de livres à l'usage de ces scelleurs de bœufs, et Porphyre, *De Abst.*, IV, 7, appelle ces prêtres des *scelleurs de bœufs*. Ce sceau, marqué à l'effigie d'un homme, est peut-être le souvenir d'un temps où le sacrifice ne se faisait point par substitution, mais où un homme était rituellement immolé. D'après le récit de la *Destruction des hommes par les Dieux*, ce fut Rà lui-même, qui substitua la bête à l'homme dans les sacrifices. Cf. Maspero, *Hist. anc. des peuples*, t. I, p. 123, note 2. Voir aussi Porphyre, *De Abst.*, II, 55 ; E. Lefébure, dans *Sphinx*, t. III, *Le sacrifice humain d'après les rites de Busiris et d'Abydos*.

l'empreinte de ce sceau, comme le raconte Castor[1], représentait la figure d'un homme tombé à genoux, les mains ramenées par derrière, et ayant un glaive sous la gorge.

L'âne également, comme il a été dit, portait la peine de sa ressemblance avec Typhon, tant à cause de sa stupidité et de sa lubricité que de la couleur de son poil. Aussi donnèrent-ils le surnom d'âne à Ochos, à celui des rois de Perse qu'ils détestaient le plus pour son impiété et son impureté. Et Ochos[2], quand il le sut, répondit : « *Cet âne pourtant se régalera de votre bœuf* », et il fit alors immoler le bœuf Apis, comme le raconte Dinon[3].

Quant à ceux qui disent que Typhon, après avoir abandonné la bataille, passa sept jours à

---

1. Castor de Rhodes, qui doit son nom à la ville où il avait étudié, était un historien qui rapprochait les institutions romaines de celles de Pythagore. Cf. A. et M. Croiset, *Hist. de la littér. grecque*, t, V, p. 307.

2. Il a été question de ce roi de Perse au paragraphe 11 de ce traité. Après qu'il eut immolé le bœuf Apis, nous raconte Élien, *Nat. anim.*, X, 28, il consacra un âne et ordonna aux Égyptiens, qui avaient cet animal en horreur, de l'honorer. Il tua aussi Mnévis et le bouc sacré de Mendès, cf. Élien, *frag*. 256.

3. Dinon était un historien qui vivait au temps d'Alexandre. Il avait composé une histoire de Perse, souvent citée par les écrivains grecs et latins.

fuir sur un âne, et qu'une fois sauvé il engendra deux fils Hiérosolymos et Joudaios, il est de la plus claire évidence que ceux-là ajoutent à ce mythe des éléments judaïques[1].

32. Telles sont les significations symboliques que ces récits comportent. Maintenant, en nous appuyant sur une autorité différente, examinons d'abord les plus simples des interprétations qu'en donnent ceux qui paraissent s'exprimer avec plus de philosophie[2]. Comme il y a des Grecs qui

[1]. « Les Égyptiens, dit RICARD dans une des notes qui accompagnent sa traduction des OEuvres morales de Plutarque, t. XVI, p. 342, qui avaient des motifs de haine contre les Juifs, affectaient de confondre l'histoire de ce peuple avec la fable de Typhon. Non seulement ils disaient que celui-ci avait eu les deux enfants que nomme Plutarque, mais encore ils prétendaient que la fête du sabbat, célébrée par les Juifs le 7e jour de chaque semaine, avait été instituée, en mémoire de ce que Typhon, après sept jours de marche, avait échappé à ses ennemis. »

[2]. L'explication que vient de donner Plutarque, des « *passions* » d'Osiris et d'Isis, est d'ordre initiatique ou démonologique. D'hommes qu'ils étaient, Isis et Osiris sont devenus génies, puis de génies, ils ont été changés en dieux. Il reste donc à expliquer leur action dans le monde, car les génies et les dieux ne sont pas inactifs. Pour cela, Plutarque, en ayant recours cette fois aux données de la philosophie, va examiner désormais quelle est la valeur des différents symboles que les hommes ont greffés tant sur la légende d'Isis et d'Osiris que sur celle de Typhon. Rejetant tout ce qui lui paraît incompatible avec l'idée qu'il se fait de la Divinité,

disent que Cronos est la figure allégorique du Temps, qu'Héra est le symbole de l'Air et que la naissance d'Héphaestos[1] est l'image du changement de l'air en feu : de même parmi les Égyptiens, il en est qui prétendent qu'Osiris est le Nil qui s'unit avec Isis, ou la terre[2], et que Typhon, c'est la mer dans laquelle le Nil en s'y jetant disparaît et se disperse, hormis toutefois cette quantité d'eau que la terre s'approprie et reçoit, et qui devient pour elle, grâce au fleuve, une semence féconde.

Il existe une lamentation sacrée en l'honneur de Cronos, dans laquelle on chante qu'Osiris naquit à gauche et qu'il périt à droite. Les Égyptiens en effet, considèrent l'Orient comme le

Plutarque transposera sur un plan métaphysique et éthique la lutte des éléments opposés, personnifiés par Osiris et par Typhon, qui sont aux prises dans le monde sensible, et il trouvera, en accord avec Platon, dans le principe du bien l'origine et la fin du mouvement, manifesté par la vie, qui nous porte vers Dieu.

1. Dans la *Théogonie* hésiodique, v. 397, Héra engendra Héphaestos sans le secours de Zeus.
2. « Osiris est le Nil, dit MASPERO, *Hist. anc. des peuples,* t. I, p. 98, c'est là son caractère original, celui auquel sont venus s'adjoindre et qu'ont recouvert en partie les attributs différents qu'on lui attribua en le confondant avec d'autres dieux. » Isis est originellement la terre, la terre noire du Delta sur laquelle elle régnait. Quant à Typhon, le plus souvent, c'est le désert aride.

visage du monde, le Nord comme en étant la droite, et le Midi, la gauche. Pour eux donc le Nil, qui coule en venant du Midi et qui se perd au Nord dans la mer, est à bon droit regardé comme prenant naissance à gauche et trouvant à droite sa perte.

Voilà pourquoi les prêtres ont pour la mer une horreur sacrée, et appellent le sel, l'écume de Typhon[1]. Une des interdictions auxquelles ils sont soumis leur défend de mettre du sel sur leur table. Jamais aussi ils n'adressent la parole à des pilotes[2], car ces gens de marine pratiquent la mer et vivent de la mer. Pour le même motif, ils n'ont pas moins d'aversion pour le poisson, et le mot « *haïr* » s'écrit chez eux par un poisson[3]. Ainsi à Saïs, dans le vestibule du temple d'Athéna, on voyait gravé un enfant, un vieillard, puis

1. Par écume de Typhon, LEFÉBURE, *Mythe Osirien*, sect. I, *Les Yeux d'Horus*, p. 113, entend le sel du désert, « le sel qui par place se trouve dans les sables et qui rend saumâtre l'eau des puits ».

2. PLUTARQUE, dans ses *Propos de table*, VIII, 8, nous redit que les prêtres égyptiens, par horreur pour la mer, n'adressaient jamais la parole à des pilotes.

3. CLÉMENT D'ALEXANDRIE, *Strom.*, V, 7, nous dit aussi que chez les Égyptiens le poisson était le symbole de la haine, et il nous dépeint comment on pouvait, à l'aide d'hiéroglyphes, constituer une phrase dont le sens se rapproche de celle que va citer Plutarque.

un épervier, un poisson ensuite et en tout dernier lieu un hippopotame. Et cette suite de figures symboliquement voulait dire : « *O vous qui naissez et vous qui mourrez, Dieu a en haine la violence impudente, car l'enfant est l'image de la naissance, et le vieillard, celle de la dissolution.* » Les Égyptiens en effet, pour écrire le mot Dieu, dessinaient un épervier ; la haine était symbolisée par un poisson à cause de la mer, comme nous l'avons dit, et l'hippopotame représentait la violence impudente, car on dit que cet animal, après avoir tué son père, fait violence à sa mère et s'accouple avec elle[1]. Au reste, cette parole des Pythagoriciens que « *la mer est une larme de*

---

1. ÉLIEN, *Nat. anim.*, VII, 17, nous dit que l'hippopotame est le plus impie des animaux, car il mange même son père. Et PORPHYRE, *De Abst.*, III, 23, nous raconte aussi que les hippopotames tuent leur père pour s'accoupler avec leur mère. Toutefois, Plutarque, en nous disant que l'hippopotame fait violence à sa mère et s'accouple avec elle, semble reporter sur cet animal typhonien une légende sacrée qu'Hérodote nous rapporte au sujet de Typhon, l'Arès égyptien. Jadis, dit HÉRODOTE, II, 63, la mère d'Arès habitait le Delta, à Paprèmis, dans le temple. « Arès, élevé ailleurs, entreprit, quand il devint adulte, d'avoir commerce avec elle. Mais les serviteurs, qui ne le connaissaient pas, ne le lui permirent pas et le repoussèrent. Alors, il partit chercher du renfort dans une autre ville, traita durement ceux qui l'avaient rebuté et pénétra auprès de sa mère. » Cf. SOURDILLE, *op cit.*, p. 186-189.

Cronos[1] » semble également nous donner à entendre que la mer est un élément impur, sans aucune affinité avec le reste de la nature. Jusqu'ici donc toutes ces explications ne sont tirées que du dehors ; elles ne représentent que des traditions communes et vulgaires.

33. Mais les plus éclairés d'entre les prêtres ne se contentent pas seulement d'appeler le Nil Osiris, et Typhon, la mer ; ils ajoutent encore qu'Osiris est le principe et la puissance de tout ce qui est humide, la cause de toute génération et la substance de tout germe. Typhon par contre est, selon eux, le principe de tout ce qui est dessèchement, de tout ce qui est brûlant, de tout ce qui rend sec et de tout ce qui, en un mot, est hostile à l'humide[2]. Or, comme ils croient de Typhon qu'il était roux et jaune pâle, ils ne mettent absolument aucun empressement à se rencontrer avec des hommes qui offrent une

---

1. Sur ce fragment de Porphyre, extrait de la *Vie de Pythagore*, cf. Diels, *op. cit.*, t. II, C, 2, p. 357.

2. Cette conception, attribuée formellement par Plutarque aux Égyptiens, à savoir qu'Osiris est le Nil, qu'Isis est la terre noire du Delta, que Typhon est la sécheresse brûlante du désert, correspond à un des trois moments principaux de la création de l'univers, selon la doctrine cosmogonique d'Héliopolis. Cf. Maspero, *Hist. anc.*, I, p. 140 ; Sourdille, *Hérodote et la religion de l'Égypte*, p. 37-38.

semblable apparence et n'éprouvent aucun plaisir à les entretenir.

Osiris au contraire, suivant les traditions de leur mythologie, était de couleur brune, parce que l'eau, disent-ils, donne une teinte noirâtre à tous les objets avec lesquels elle se mêle, à la terre, aux vêtements, aux nuages, et parce que c'est l'humidité présente dans le corps des jeunes gens qui rend leurs cheveux noirs. Les cheveux blancs surviennent à ceux qui sont affaiblis, comme une sorte de pâleur qui résulte de leur dessèchement. Le printemps aussi est la saison dans laquelle tout fleurit, tout engendre et tout se montre agréable. La fin de l'automne au contraire, faute d'humidité, est hostile aux plantes et nocive aux animaux. Le bœuf, qu'on entretient à Héliopolis et qu'on appelle Mnévis — il est consacré à Osiris, et certains prétendent même qu'il est le père d'Apis — est aussi de couleur noire, et c'est, après le bœuf Apis, l'animal qu'honorent le plus les Égyptiens[1]. D'autre part,

---

1. Le bœuf Mnévis, nous dit ÉLIEN, *Nat. anim.*, XI, 11, était consacré au Soleil, et Apis à la Lune. En disant que Mnévis est le père d'Apis, Plutarque veut peut-être nous faire entendre que son culte avait précédé celui d'Apis en Égypte ? Il fallait que ce bœuf, pour pouvoir être exposé à la vénération des fidèles, eût sur son

comme l'Égypte est une terre noire, aussi foncée que la prunelle de l'œil, les Égyptiens donnent à cette contrée le nom de *Chémia*, et la comparent à un cœur[1]. Elle est chaude en effet, humide, contenue dans les parties méridionales de la terre habitée, étendue au midi, comme dans le corps de l'homme le cœur s'étend à gauche.

34. Ils disent encore que le soleil et que la lune ne se servent pas de chars, mais qu'ils emploient pour véhicules, dans leur route céleste, des navires de transport, voulant ainsi nous faire entendre à mots couverts qu'ils doivent au principe humide leur subsistance et leur nais-

---

corps des marques distinctives absolument indispensables. La première, celle que Plutarque nous indique en cet endroit, était qu'il fût parfaitement noir, et qu'il eût une taille au-dessus de l'ordinaire, suivant un passage de Porphyre conservé par Eusèbe, *Præp. Evang.*, III, 13, où l'on voit aussi que la raison pour laquelle on le consacrait au soleil était que l'ardeur continuelle de cet astre imprime au corps humain cette couleur. Mnévis était à Héliopolis « *l'âme de Râ* » ou du Soleil. Cf. Diodore, I, 84, 88 ; Strabon, XVII, 22, 27 ; Ammien Marcelin, XXII ; Erman, *La Relig. égyptienne*, trad. Vidal, p. 114.

1. *Chémia*, ou Chîmi, signifie *terre noire* en langue égyptienne. Plutarque nous a dit plus haut, au paragraphe 10 de ce traité, que les Égyptiens représentaient l'Égypte par un cœur posé sur un brasier ardent. Cf. Champollion, *L'Égypte sous les Pharaons*, I, p. 101-111.

sance[1]. Ils pensent aussi qu'Homère, comme Thalès, apprit des Égyptiens à considérer l'eau comme le principe et la force productrice de tous les êtres. Ils affirment, en effet, que l'Océan est Osiris, et que Téthys, regardée comme la déesse qui nourrit et entretient toutes choses, est Isis[2]. Les noms que les Grecs donnent à l'*émission du sperme,* ἀπουσία, à *l'accouplement,* συνουσία, supposent le même principe : ils dérivent, comme le mot *fils* d'ailleurs, υἱός, de ὕδωρ, *eau,* et de ὕσαι, *pleuvoir.* Dionysos, comme souverain seigneur de la nature humide, est également appelé ὕης, *humide,* et ce dieu n'est autre qu'Osiris : en effet, Hellanicos[3] passe pour

1. « Les Égyptiens, dit Porphyre, *De Ant. Nym.,* 10, ne situaient pas tous les *génies* sur un élément solide et stable, mais ils les plaçaient tous sur un navire, même le soleil et pour tout dire en un mot, tous ceux qui doivent assister au vol sur l'élément humide des âmes qui descendent dans la génération. » Dans la procession d'Isis que nous décrit Apulée, *Métam.*, XI, un des prêtres portait, en guise de lampe, une gondole d'or qui répandait la clarté la plus vive. Cf. Eusèbe, *Præpar. Evang.*, III, 115.

2. Sur l'influence des idées égyptiennes sur Thalès, cf. J.-A. Faure, *L'Égypte et les Présocratiques,* p. 49-74. Chez les Grecs et dans Homère, *Iliade,* XIV, 241, 246, toutes les choses et tous les dieux doivent leur naissance à Océan, et Océan avait pour épouse Téthys. Océan était le père, le générateur, et Téthys, la mère féconde, la nourrice, l'eau considérée dans son action fécondante.

3. Hellanicos de Mitylène est un des plus anciens et des plus

avoir entendu les prêtres égyptiens prononcer *Hysiris* le nom d'Osiris ; et c'est toujours ainsi qu'il persiste lui-même à appeler ce dieu, vraisemblablement à cause de sa nature et de la découverte qu'il fit[1].

35. Qu'Osiris soit le même que Dionysos, qui pourrait, ô Cléa, mieux que toi le savoir, puisque tu es la première des Thyades de Delphes[2], et que ton père et ta mère t'ont consacrée aux Mystères osiriaques[3] ? Si pour d'autres que toi, il est besoin de produire des témoignages, laissons à leur place les enseignements secrets, et contentons-nous d'affirmer que ce que font ou-

éminents historiens grecs, né vers 496 av. J.-C., il mourut en 411. Tous ses ouvrages ont péri. Cf. A. et M. Croiset, *Hist. de la littér. grecque*, t. II, p. 511.

1. Dionysos, dit Platon dans le *Cratyle* 406B, est celui qui donne le vin, ὁ διδοὺς τὸν οἶνον. Osiris aussi découvrit la vigne.

2. « On appelait du nom mystique de Thyades, dit Perdrizet, *Cultes et Mythes du Pangée*, p. 84, les femmes initiées qui célébraient sur les hauts lieux, à certaine date, l'orgie nocturne de Bacchos. Leur nom vient de la même racine que θύειν, *bondir*, θύελλα, *tempête* ; il s'explique par les courses éperdues auxquelles ces femmes se livraient lorsqu'elles étaient en proie à la *manie* bachique. » Cette μανία, ou *délire* était un état d'exaltation enthousiaste, occasionné par la possession de l'âme par un esprit divin.

3. Au témoignage d'Apulée, *Métam.*, XI, 27, il y avait deux initiations : l'initiation d'Isis et celle d'Osiris. Sur cette double initiation, cf. P. Foucart, *op. cit.*, p. 444-447.

vertement les prêtres quand ils ensevelissent le bœuf Apis[1], quand ils transportent son corps sur un radeau, ne diffère en rien de ce qui se passe aux fêtes de Bacchos. Effectivement, ils s'attachent des nébrides, portent des thyrses, poussent des cris et s'agitent comme ceux qui sont possédés par Dionysos quand ils célèbrent ses Orgies[2].

1. « Lorsqu'un des animaux sacrés, dit Diodore, II, 83, vient à mourir, ils l'enveloppent dans un linceul ; et, se frappant la poitrine et poussant des gémissements, ils le portent chez les embaumeurs. Ayant ensuite traité le corps par l'huile de cèdre, et d'autres substances odoriférantes propres à le conserver longtemps, ils le déposent dans des caisses sacrées. » De Memphis, lieu de résidence d'Apis pendant sa vie, son corps était porté, après sa mort, dans une île voisine de cette ville, où il était enseveli dans la plus grande pompe. Le local où les Apis étaient enterrés s'appelait le *Sérapéum*. Cf. Mariette, *Sérapéum*, p. 143-145 et 167. La mort du bœuf Apis causait un deuil universel qui ne cessait que lorsque les prêtres déclaraient avoir trouvé un bœuf entièrement semblable à celui que l'on avait perdu.

2. Isis, dans la langue des Grecs, dit Hérodote, II, 59, est Cérès. Il n'y a que la différence des noms, dit à son tour Diodore, II, 96, entre les fêtes de Bacchos et celles d'Osiris, entre les Mystères d'Isis et ceux de Déméter. » Sur les caractères communs d'Isis et de Dèmèter, cf. P. Foucart, *Les Mystères d'Eleusis*, chap. iii. Sur le thyrse, lance enguirlandée de lierre et emblème d'un dieu de la végétation, sur la nébride ou peau d'animal sacré dont se recouvraient les Bacchantes, cf. notre traduction des *Bacchantes* d'Euripide, p. 52, note, et 62, note.

C'est aussi en raison de cette identité que la plupart des artistes grecs, qui ont exécuté des statues de Dionysos, ont représenté ce dieu sous la forme d'un taureau. Les femmes d'Élée, lorsque dans leurs prières elles appellent Bacchos, l'invitent à se rendre auprès d'elles *avec un pied de taureau*[1]. Chez les Argiens, Dionysos est célébré sous le titre de βουγενής[2], *né d'une génisse*; on l'évoque du sein des eaux au son des trompettes, en jetant dans l'abîme un agneau pour le Gardien des Portes[3], et ces trompettes, comme le rapporte Socrate[4] dans son traité *Des Cérémonies saintes,* sont dissimulées dans leurs thyrses.

1. Plutarque dans ses *Questions grecques*, 36, nous a conservé une partie de cet hymne que les femmes d'Élée chantaient à Bacchos pour l'inviter à venir au milieu d'elles. « Viens, illustre héros, viens dans ton temple auguste accompagné des Charites ; viens dans ton temple maritime *avec un pied de bœuf,* digne taureau, digne taureau ! »

2. Les qualificatifs de *taureau* et de *fils de génisse* que l'on donne à Dionysos, nous dit encore Plutarque, dans ses *Questions romaines*, 36, proviennent peut-être de ce qu'on voit dans Dionysos l'inventeur du labourage et des semailles.

3. Ce gardien des Portes est sans doute Cerbère. Dans Virgile, *Enéide,* VI, 249, il est dit aussi que c'est une brebis qu'on offre pour apaiser les Divinités infernales.

4. Socrate de Cos est peut-être cet historien qui, selon Diog. Laert., III, 5, 27, et Athénée, III, 111, composa un ouvrage intitulé les *Noms des dieux.* Cf. G. J. Wossius, *Hist, gr.*, p. 499.

Bien plus, tout ce que l'on rapporte des Titans, tout ce que l'on commémore dans les fêtes nocturnes de Bacchos, est analogue à tout ce que l'on raconte d'Osiris, à son démembrement, à son retour à la vie, à sa nouvelle naissance[1]. J'en dis autant de leurs tombeaux. Les Égyptiens, comme nous l'avons dit, montrent en divers lieux des tombeaux d'Osiris, et les Delphiens prétendent que les restes de Dionysos sont ensevelis chez eux, près de l'endroit où se rendent les oracles, et les *Hosies*[2] offrent dans le temple d'Apollon un sacrifice secret, toutes les fois que les Thyades éveillent le Licnite[3].

1. Dionysos ressuscitait parce que sa substance se reformait autour de son cœur qui avait été sauvé par Athéna. Osiris revenait à la vie par la reconstitution rituelle de son cadavre morcelé. Cf. A. Loisy, *Les Mystères païens*, p. 48.

2. Les *Hosies,* nous dit Plutarque, *Questions grecques*, 9, étaient des prêtres qui assistaient les devins à Delphes et partageaient avec eux les exercices du culte. Ils étaient au nombre de cinq et nommés à vie. Leur nom signifie *saint*. Cf. Perdrizet, *Cultes et Mythes du Pangée*, p. 69, note 2, et Ch. Picard, *Ephèse et Claros*, p. 194, note 7.

3. C'était probablement sur le tombeau de Dionysos, qui se trouvait dans le sanctuaire inaccessible du temple d'Apollon, que les Hosies sacrifiaient en grand mystère, *quand les Thyades éveillaient le Licnite,* c'est-à-dire quand les femmes de Delphes célébraient la naissance du dieu ressuscité, du petit enfant nouveau-né qui reposait dans un *van,* λίκνον. Cf. Perdrizet, *op. cit.,* p. 68-69. « Dionysos,

Or, que les Grecs regardent Dionysos comme le seigneur et la cause non seulement du vin mais de toute substance humide, c'est ce que suffit à prouver ce témoignage de Pindare[1], quand il dit : « *Puisse Dionysos, ce donneur de tant de joies et ce saint éclat de la saison des fruits, augmenter le partage des arbres!* » Telle est aussi la raison qui fait qu'il est défendu aux adorateurs d'Osiris de détruire aucun arbre fruitier[2] et d'obstruer une source d'eau vive.

---

dit PLUTARQUE, dans son traité *Sur le ei du temple de Delphes*, 9, n'a pas, dans l'oracle de Delphes, une part moindre qu'Apollon... Ce dieu, incorruptible et éternel de sa nature, est soumis, par l'ascendant d'une loi et d'une raison fatales, à différentes transformations de sa propre personne. Tantôt c'est en feu qu'il change sa nature, assimilant entre elles toutes les substances ; tantôt il devient multiple à l'infini, prenant des formes, des affections, des propriétés différentes : d'où est constitué l'ensemble de ce qui existe maintenant sous le nom si connu de monde... Quand le Dieu se change et se transforme en souffles, en eau, en terre, en astres, en plantes qui croissent, en animaux qui vivent, les sages donnent à ces affections et à ces vicissitudes des noms qui rappellent une idée de déchirement et de démembrement... Ses consomptions, ses disparitions, ses morts, ses résurrections sont figurées par des mots énigmatiques qui ont de l'analogie avec ces diverses mutations. » Trad. Bétolaud.

1. PINDARE, éd. Puech, t. IV, frag. 35.

2. Chez les Pythagoriciens aussi, selon DIOGÈNE LAERCE, VIII, 1, 23, et PORPHYRE, *Vit. Pyth.*, 39, il était défendu d'endommager ou de détruire une plante cultivée ou un arbre fruitier.

36. Mais ce n'est pas seulement le Nil, c'est tout ce qui est, en un mot, d'une nature humide, que les prêtres regardent comme un écoulement d'Osiris ; aussi, en l'honneur de ce dieu, leurs processions sacrées sont-elles toujours précédées d'un vase rempli d'eau[1]. Ils désignent encore par un jonc le roi Osiris et la région méridionale du monde, et ils expliquent cet emblème en disant que le jonc représente l'irrigation et la gestation universelles, et qu'il paraît par nature ressembler à l'organe de la génération. Quand ils célèbrent la fête des Pamylies, qui, comme nous l'avons dit, est une fête phallique, ils exposent aux regards et promènent une statue dont la verge est trois fois plus grande que nature. Dieu en effet est principe, et tout principe multiplie par fécondité tout ce qui provient de lui. Or, nous avons coutume pour exprimer la multiplicité d'employer le nombre trois, comme quand nous disons : « *Trois fois heureux*[2] » et « *Triples étaient ses liens inextricables*[3]. » A moins, par Zeus, que le mot *triple* n'ait été pris par les Anciens dans

---

1. Cf. Clément d'Alexandrie, *Strom.*, VI, 758.
2. Homère, *Iliade*. VI, 154-155.
3. Homère, *Iliade*, VII, 340.

son sens propre. En effet, la substance humide qui, dès l'origine, a été le principe générateur de toutes choses, produisit d'abord les trois premiers éléments corporels : la terre, l'air et le feu. Quant au récit qu'on ajoute à ce mythe, à savoir que Typhon jeta dans le fleuve le membre viril d'Osiris, qu'Isis ne put le retrouver, mais qu'elle en dressa et en orna un simulacre ressemblant, ordonna de l'honorer et de le porter en pompe, ce récit est pour nous enseigner que la puissance fécondatrice et reproductrice de Dieu trouva son premier élément dans l'humide, et que c'est par l'humide qu'elle se communiqua à tout ce qui est par nature susceptible d'engendrer.

Mais il est un autre récit qu'on raconte en Égypte. Apopis[1], dit-on, qui était le frère du Soleil, déclara la guerre à Zeus. Osiris vint au secours de Zeus et l'aida à mettre son ennemi en déroute.

---

1. Apopis est le serpent du Nil céleste ; il sortait parfois du fond des eaux pour combattre le Soleil et chavirer sa barque. Cf. Maspero, *Etudes de Mythol. et d'Archéol. égyptiennes*, t. II, p. 414. Apopis, frère d'Osiris, paraît ici une des formes de Typhon. Apopis desséchant l'atmosphère ou Zeus, Zeus appela à son secours Osiris ou le principe humide, et le nomma Dionysos. Sur le caractère d'Apopis et sa lutte contre le soleil, cf. Champollion, *Lettres écrites en Egypte*, 2e édit., 1833, p. 231 sqq. Ce serpent devint, comme Typhon, une personnification du *mauvais principe* et des *ténèbres*.

Zeus alors comme fils adopta Osiris, et l'appela Dionysos. Mais il est facile de montrer que le caractère mythique de ce récit se rattache aussi à une vérité d'ordre physique. Les Égyptiens, en effet, donnent au souffle de l'air le nom de Zeus, et l'air a pour ennemi la sécheresse et le feu. Or, bien que la sécheresse et le feu ne soient pas le Soleil, ils ont pourtant quelque affinité avec lui, et l'humidité, atténuant l'excès de la sécheresse, augmente et fortifie les exhalaisons par lesquelles le souffle de l'air est alimenté et nourri.

37. Autre chose encore : le lierre est consacré à Dionysos par les Grecs, et cette plante se nomme en égyptien χενόσιρις, mot qui, dit-on, signifie *plante d'Osiris*[1]. Ariston[2] d'autre part, qui a écrit l'histoire de la colonisation athénienne, tomba un jour sur une certaine lettre d'Alexarque[3] dans

---

1. « La découverte du lierre, dit DIODORE DE SICILE, I, 17, est attribuée à Osiris. Les Égyptiens le consacrent à ce dieu, comme les Grecs à Dionysos, et ils l'appellent dans leur langue la *plante d'Osiris*. Dans les cérémonies sacrées, ils préfèrent le lierre à la vigne, parce que la vigne perd ses feuilles, au lieu que le lierre reste toujours vert. »

2. Ariston, philosophe péripatéticien, contemporain de Strabon, écrivit aussi un ouvrage sur le Nil que cet historien utilisa. Cf. STRABON, XVII, 790.

3. On ignore s'il est ici question d'Alexarque le grammairien

laquelle il était rapporté que Dionysos, fils de Zeus et d'Isis, n'était pas appelé Osiris par les Égyptiens, mais *Arsaphès* (avec un alpha), mot qui indique la *virilité*[1]. Cette façon de voir est encore confirmée par Hermaïos[2], au premier livre de son traité sur les Égyptiens. Le nom d'Osiris, dit-il, est interprété comme signifiant *le Vigoureux*. Je passe sous silence Mnaséas[3], qui rapproche d'Épaphos : Dionysos, Osiris et Sarapis. J'omets aussi Anticlide[4] qui affirme qu'Isis était la fille de Prométhée et qu'elle devint l'épouse de Dionysos. Les ressemblances que

cité par CLÉMENT D'ALEXANDRIE, *Protr.*, IV, 51, p. 16, ou de celui dont parle Plutarque dans ses *Parall. gr.*, 307 C.

1. Arsaphès ou *Harshafitou*, dont le nom signifie *énergie virile*, était le dieu principal d'Héracléopolis. C'était un dieu-bélier, ithyphallique. Il se confond souvent avec les dieux qui, comme lui, avaient pour attribut un bélier. On présume que c'était un Dieu-Nil. Cf. MASPERO, *Etudes de Mythologie*, t. II, p. 274-275 ; et du même, *Hist. anc. des peuples*, t. I, p. 98-99.

2. Hermaïos ou Herméas était né, d'après PHOTIUS, *Bibliot.*, cod. 279, à Hermopolis, ville d'Égypte, et avait écrit en vers iambiques la description de sa patrie, et peut-être de toute l'Égypte.

3. Mnaséas de Patères, en Lycie, avait composé un *périple* ou l'histoire de sa navigation qui contenait, croit-on, une description de l'Europe, de l'Asie et de la Libye.

4. Anticlide d'Athènes avait composé plusieurs ouvrages historiques, dont PATRICIUS, *Bibliot. græc.*, t. II, p. 109, nous donne la liste.

nous avons signalées dans leurs fêtes et dans leurs sacrifices sont de nature en effet à plus clairement convaincre que tous les témoignages.

38. Parmi les astres, Sirios est celui qui est consacré par les Égyptiens à Isis, parce qu'il amène l'eau. Ils révèrent aussi le Lion, et ils ornent de gueules de lion béantes les portes des temples, parce que le Nil déborde « *dès que le soleil s'approche du Lion*[1]. »

Or, de même qu'ils pensent que le Nil est un écoulement d'Osiris, de même ils considèrent et tiennent que la terre est le corps d'Isis ; non point cependant la terre tout entière, mais seulement la partie que le Nil envahit et qu'il féconde en se mêlant à elle. De cet accouplement ils font naître Horus. Et cet Horus est l'époque, disent-ils, pendant laquelle l'atmosphère qui enveloppe la terre est disposée à conserver et à nourrir toutes choses.

---

1. Aratus, vers 351. « C'est par des gueules de lion, dit encore Plutarque en ses *Propos de table*, IV, 5, que les Égyptiens font jaillir leurs fontaines, vu que le Nil répand ses eaux nouvelles sur les terres ensemencées de l'Égypte, à l'époque où le Soleil passe dans le signe du Lion. » Pour la même raison, Sothis ou Sirios était une déesse à tête de lionne. Le lever héliaque de Sothis, dit Maspero, *op. cit.*, p. 86, « qui marquait le premier instant de l'inondation, marquait aussi le début de l'année civile, si bien que tout le système chronologique du pays reposait sur lui. »

Ils ajoutent encore que cet Horus fut élevé par Léto[1], dans les marais qui avoisinent Bouto ; une terre en effet bien imprégnée d'humidité et profondément trempée alimente mieux que toute autre les exhalaisons qui atténuent et tempèrent la sécheresse et la brûlante chaleur. Ils désignent en outre sous le nom de Néphthys, les parties extrêmes de la terre d'Égypte, celles qui confinent aux pentes des montagnes, et celles qui touchent la mer. Voilà pourquoi ils donnent à Néphthys l'épithète d'*Extrême,* et disent qu'elle s'unit à Typhon. En effet, lorsque le Nil se jette hors de ses rives, déborde, gagne et franchit ces extrêmes parties, ils appellent ce recouvrement l'union intime d'Osiris et de Néphthys, union qui se révèle par les plantes qu'on voit aussitôt croître. Parmi ces plantes se trouve le mélilot, et la fable rapporte que c'est en trouvant une couronne tombée et laissée là, que Typhon découvrit l'outrage fait à son lit. Ce fut ainsi, dit-on, qu'Isis

1. Léto est la mère d'Apollon. Cette déesse, dont le nom égyptien est Outit, était la divinité principale de Bouto, le « lieu d'Outit ». Elle aurait anciennement régné dans cette ville. Isis, croit-on, usurpa son domaine et se confondit avec elle. Cf. Maspero, *Etudes de Mythol. et d'Archéol. égypt.,* t. II, p. 359-362 ; G. Steindorff, *The Religion of the ancient Egyptians,* p. 10-11 ; Sourdille, *op. cit.,* p. 93-94, 125-128.

engendra légitimement Horus, et que Néphthys clandestinement procréa Anoubis. Cependant, il est écrit dans les successions des rois, que Néphthys, après avoir épousé Typhon, resta d'abord stérile. S'il s'agit ici, non pas de la stérilité d'une femme, mais de celle de la Déesse, on a voulu symboliquement parler d'une stérilité de la terre et d'une infertilité complète, causée par un excès de dureté du sol [1].

39. Les embûches de Typhon et sa domination tyrannique représentaient la puissance du dessèchement qui, victorieux, évaporait l'humidité qui devait donner naissance au Nil et augmenter ses eaux. La reine éthiopienne, qui venait en aide à Typhon, désigne allégoriquement les vents du Sud qui soufflent d'Éthiopie. Effectivement, lorsque ces vents l'emportent sur les vents Étésiens qui poussent les nuages du côté de l'Éthiopie, qu'ils arrêtent les pluies qui font grossir le Nil, Typhon prévaut et brûle tout ; il règne alors en maître absolu sur le Nil ; ce fleuve amoindri ne coule que faiblement et ne conduit dans la mer qu'un humble filet d'eau coulant

---

1. Je lis avec Parthey et Dübner, στερρότητος, *dureté*, au lieu de στειρότητος, *infertilité*, que donnent les textes de Wyttembach et de Bernardakis.

dans un lit creux[1]. Ce qu'on dit, en effet, du corps d'Osiris renfermé dans un coffre, ne paraît faire allusion à rien autre qu'à l'enfouissement des eaux du Nil et qu'à leur disparition. Voilà pourquoi il est dit qu'Osiris disparut au mois d'Athyr[2], car à cette époque les vents Étésiens ne soufflent plus du tout, le Nil s'enfonce sous terre et laisse le sol à nu. Les nuits deviennent plus longues, l'obscurité augmente, la puissance de la lumière se ternit et paraît comme vaincue. Alors les prêtres accomplissent diverses cérémonies lugubres ; pour figurer le deuil de la Déesse, ils recouvrent une vache dorée d'un vêtement de

---

1. Le Nil atteint sa plus grande hauteur ordinairement du vingt au trente septembre. Il se trouve au dix novembre descendu de la moitié de la hauteur à laquelle il était monté. Il baisse encore jusqu'au vingt mai de l'année suivante. Après une période stationnaire, on commence à s'apercevoir de sa crue au-dessous de la première cataracte. Cette crue devient sensible au Caire dans les premiers jours de juillet. Pendant six ou huit jours il croît par degrés presque insensibles. Bientôt son accroissement devient plus rapide et vers le quinze août il est à peu près arrivé à la moitié de sa plus grande hauteur. Sur les différentes opinions des anciens pour expliquer la crue du Nil, cf. Hérodote, II, 20-26 ; Plutarque, *De placi., philos.*, IV, 1 ; Diodore de Sicile, I, 37-41.

2. Le mois d'Athyr, troisième mois de l'année égyptienne, répondait en partie au mois d'octobre et en partie au mois de novembre.

lin noir — car ils pensent que la vache, aussi bien que la terre, est une image d'Isis — et ils l'exposent durant quatre jours de suite, à partir du dix-sept de ce mois. Ces quatre jours de deuil ont chacun leur objet. Dans le premier, on déplore la baisse du Nil et son enfouissement ; dans le second, l'extinction des vents du Nord complètement maîtrisés par les vents du Midi ; dans le troisième, la diminution des jours devenus moins longs que les nuits ; dans le dernier enfin, on se lamente sur la dénudation de la terre, tout aussi bien que sur le dépouillement des arbres qui ont à ce moment perdu toutes leurs feuilles. Le dix-neuvième jour, quand il fait nuit, on descend vers la mer. Là, les stolistes et les prêtres apportent un ciste sacré qui contient une petite boîte en or dans laquelle ils versent de l'eau douce[1]. De l'assistance alors s'élève une clameur, et tous crient qu'Osiris vient d'être retrouvé. Après cela, ils détrempent avec de l'eau de la terre végétale, y mêlent des aromates et des parfums coûteux, et en façonnent une figurine en forme de croissant. Ils l'habillent ensuite d'une robe, la parent, et montrent ainsi clairement qu'ils regardent ces

1. En versant de l'eau dans cette boîte, on était censé retrouver Osiris dans l'eau du Nil.

deux divinités, l'une, Isis, comme la substance de la terre, et l'autre, Osiris, comme celle de l'eau[1].

40. Quand Isis à son tour eut recouvré Osiris et qu'elle eut activé la croissance d'Horus en développant ses forces par l'entremise des exhalaisons, des brouillards humides et des nuages, elle triompha de Typhon, mais elle ne le fit point périr[2]. En sa qualité de souveraine Déesse de la

[1]. Les cérémonies que nous décrit Plutarque célébraient, sous forme de Mystères, la mort et la résurrection d'Osiris. On y représentait d'abord la mort du dieu, son démembrement, la dispersion par Typhon des lambeaux de son corps. Isis en deuil partait ensuite rechercher Osiris, retrouvait ses membres, reconstituait son cadavre et l'ensevelissait. Sur la description de ces fêtes, cf. V. LORET, *Recueil des travaux... Les fêtes d'Osiris*, t. III, p. 43-57 ; t. IV, p. 21-33 ; t. V, p. 83-103. A la fin des cérémonies, les prêtres façonnaient une image qui représentait Osiris en forme de croissant. Ils voulaient ainsi signifier que ce dieu à peine enseveli *commençait* à renaître, car la lune, personnification du principe générateur et humide que représente Osiris, prend pour renaître la forme d'un croissant. Pour attester par une image cette résurrection, les prêtres mélangeaient à cette terre végétale des grains d'orge et de blé, et ensevelissaient cette figurine en forme de croissant. Quand germaient les grains, Osiris était renouvelé. Cf. A. MORET, *Rois et Dieux d'Égypte*, p. 188 ; G. FRAZER, *Adonis, Attis, Osiris*, p. 325 sqq. ; H. BRUGSCH, *Das Osiris-Mysterium von Tentyra* (*Zeitschrift*, 1881, p. 77).

[2]. Si Isis ne fit point périr Typhon, c'est que l'élément destructeur, dans le monde manifesté, est nécessaire pour assurer l'éter-

terre, elle n'eut garde de permettre l'anéantissement complet de l'élément qui s'oppose à l'humide; elle se contenta de le délier, de le laisser aller, désireuse avant tout de maintenir l'arrangement du monde, car l'univers ne serait point complet si le principe igné venait à faire défaut et à disparaître.

Bien qu'une pareille interprétation ne manque pas de vraisemblance, on ne doit pas non plus vraisemblablement rejeter cette autre tradition, à savoir que jadis Typhon était le maître de ce qui constitue l'apanage d'Osiris. L'Égypte en effet était autrefois une mer[1]. Voilà pourquoi dans les mines et dans les montagnes on trouve encore aujourd'hui un si grand nombre de petits coquillages. Toutes les sources et tous les puits, et il y en a beaucoup, contiennent une eau salée et amère, comme un restant corrompu de la mer qui coula jadis en cet endroit. Mais Horus avec

nelle rénovation de tout ce que manifeste le principe créateur. Dans l'ordre universel d'ailleurs, le Mal, qui n'est que l'inintelligence du Bien, appelle forcément l'intervention du Bien, et c'est en ce sens que du Mal naît le Bien.

1. Cette opinion que l'Égypte était autrefois une mer, et que ce sont les alluvions du Nil qui ont formé son sol, est celle aussi d'Hérodote, qui prétendait la tenir des prêtres de Memphis. Cf. Hérodote, II, 10 et 12.

le temps triompha de Typhon. Cela veut dire qu'une heureuse abondance de pluies étant survenue, le Nil refoula la mer, découvrit la plaine et la remplit d'alluvions. Nous en avons sous les yeux une preuve frappante. Effectivement, nous voyons encore aujourd'hui, lorsque le fleuve charrie une vase nouvelle et pousse la terre devant lui, la mer se retirer peu à peu en arrière, et ses flots reculer quand les parties basses du sol acquièrent de la hauteur en se remplissant d'alluvions. Ainsi Pharos, qui est chantée par Homère[1] comme étant à une journée de distance de l'Égypte, fait aujourd'hui partie de cette même Égypte. Est-ce à dire que cette île se soit déplacée, qu'elle se soit rapprochée de la terre ? Non : c'est que l'espace intermédiaire qu'occupait la mer aujourd'hui retirée a été comblé par le fleuve et que par lui le continent s'est accru. Mais ces explications ressemblent aux interprétations théologiques que donnent les Stoïciens. Ils prétendent,

1. Cf. Homère, *Odys.*, IV, v. 355, 356. Pharos est une petite île sur la côte d'Égypte. Quand Alexandre fonda, en face de Pharos, la ville d'Alexandrie, il fit unir l'île au continent par un môle de sept stades de longueur, qui formait ainsi les deux ports de la ville. L'île est surtout fameuse par la haute tour, une des sept merveilles du monde, qu'y fit bâtir Ptolémée II, pour y établir un phare.

en effet, que le souffle générateur et nourricier est Dionysos, que la cause qui frappe et qui divise est Héraklès, que le principe qui reçoit est Ammon, que la force qui s'insinue dans la terre et pénètre les fruits est Dèmèter et Corè, et que celle qui se répand dans la mer est Poséidon.

41. Ceux qui mêlent à ces interprétations d'ordre physique certaines considérations tirées des sciences astronomiques prétendent que Typhon désigne le monde solaire et qu'Osiris représente le monde lunaire[1]. La lune, disent-ils, par la lumière féconde et humectante qu'elle possède, favorise en effet la génération des animaux et la croissance des plantes, et le soleil, par son feu ardent et desséchant, non seulement surchauffe et dessèche les êtres qui croissent et

1. Dans les *Lamentations d'Isis et de Néphthys*, trad. P.-J. DE HORRACK, dans *Œuvres diverses*, p. 44, il y a tout un paragraphe qui se rapporte à la manifestation lunaire d'Osiris. Et Isis dit à son frère et époux : « L'émanation sainte qui sort de toi fait vivre les dieux et les hommes, les reptiles et les quadrupèdes. Ils vivent par toi. Tu viens à nous de ta retraite, à ton temps, pour répandre l'eau de ton âme, pour prodiguer les pains de ton être, afin de faire vivre les dieux et les hommes aussi. » Sur Osiris-Lune, cf. LEPSIUS, *Die Chronologie der Ægypt.*, p. 197, note 3 ; BRUGSCH, *Relig. und Mythol.*, p. 456-457. Voir aussi la remarquable étude de E. GRÉBAUT, *Des deux yeux du disque solaire*, parue dans le *Recueil des Travaux*, t. I, p. 72-87, 112-131.

les jeunes pousses de la végétation, mais rend encore par le fait de sa dévorante chaleur, la plus grande partie de la terre absolument inhabitable, et l'emporte ainsi en maints endroits sur la lune. Voilà pourquoi, ajoutent-ils, les Égyptiens donnent toujours à Typhon le nom de *Seth*, mot qui signifie *force opprimante et contraignante*, et racontent en leur mythologie qu'Héraklès, fixé dans le soleil, évolue avec lui, et qu'Hermès se meut avec la lune[1]. Les influences de la lune ressemblent en effet à des œuvres de raison et de haute sagesse ; celles du soleil au contraire à des coups assénés par la violence et la force. Les Stoïciens disent encore que les feux du soleil ont été allumés par la mer et qu'ils sont alimentés par elle, tandis que l'eau des sources et des étangs envoie à la lune des exhalaisons douces et molles[2].

---

1. Héraklès, que Plutarque semble ici identifier avec Typhon, est une divinité dont on n'a pas pu exactement déterminer jusqu'ici l'identification égyptienne. On croit le reconnaître, dans Harshafitou, dans Horus, dans Knoumou, dans Khonsou. Cf. Sourdille, *op. cit.*, p. 172-173. Quant à Hermès ou à Thot, il a été souvent confondu avec la Lune.

2. « Les philosophes du Portique, dit Porphyre, *De Antro Nymph.*, 10, ont cru que le soleil tirait sa nourriture des exhalaisons de la mer ; la lune, des vapeurs des sources, et les fleuves et les astres de celles de la terre. »

42. C'est au dix-septième jour du mois d'Athyr[1] que la mythologie égyptienne place la mort d'Osiris. Or c'est l'époque où la pleine lune est particulièrement éclatante et complète. Aussi les Pythagoriciens appellent-ils ce jour « *interposition* », et ont-ils pour ce nombre dix-sept, une répugnance absolue et sacrée. Effectivement, entre le nombre-carré seize et le nombre-rectangle dix-huit, qui sont les seuls nombres-plans dont il se trouve que les périmètres soient égaux à leurs aires, vient tomber le nombre dix-sept, qui s'interpose entre ces deux nombres, les disjoint l'un de l'autre, et divise leur rapport, qui contient l'entier plus un huitième, en deux parties inégales[2].

D'autre part, les uns disent qu'Osiris vécut, d'autres qu'il régna, pendant vingt-huit ans. Or ce nombre de vingt-huit correspond aux jours

[1]. Le mois d'Athyr, troisième mois de l'année égyptienne, correspondait, avons-nous dit, en partie au mois d'octobre et en partie au mois de novembre.

[2]. Les nombres-plans, dans l'arithmologie pythagoricienne, sont ceux qui s'obtiennent par la multiplication de deux nombres. Les nombres plans-carrés sont le produit de la multiplication d'un nombre par lui-même, $4 \times 4 = 16$; les nombres plans-rectangles sont le produit de la multiplication d'un nombre, non par lui-même, mais par un autre, $3 \times 6 = 18$.

durant lesquels on voit la lumière de la lune, et au temps qu'elle met à parcourir le cercle de sa révolution. Dans les cérémonies appelées les funérailles d'Osiris, les Égyptiens coupent du bois et en fabriquent une petite arche en forme de croissant, et cela parce que la lune, lorsqu'elle s'approche du soleil, prend pour s'éclipser la forme d'un croissant. Le démembrement d'Osiris en quatorze morceaux indique, dit-on, à mots couverts, le nombre de jours pendant lesquels la lune décroît, depuis la pleine lune jusqu'à la lune nouvelle. Le jour où elle réapparaît pour la première fois, après s'être dégagée de l'éclat du soleil et avoir dépassé cet astre, s'appelle : *bien imparfait.* Car Osiris est essentiellement bienfaisant, et son nom, qui a plusieurs sens, exprime surtout l'idée de sa puissance active et bienfaisante. D'ailleurs l'autre nom de ce Dieu, qui est *Omphis,* signifie *bienfaiteur*, suivant l'interprétation que nous en donne Hermaïos[1].

---

1. « L'idée du bien, dit C. Sourdille, *op. cit.,* p. 60, devait s'associer et s'associa de bonne heure à l'idée du fleuve nourricier dont le débordement annuel assurait la vie et la prospérité à toute l'Égypte, comme l'idée du mal à la sécheresse qui produit la soif et la famine. Osiris fut la divinité du bien, *Omphis (Ounofri),* « l'Être bon » par excellence, comme Sit (*Typhon*) représenta les puissances de désordre et de destruction. »

43. Ils admettent aussi que les phases de la lune ont un certain rapport avec les crues du Nil. En effet la plus grande hauteur de ses eaux, à Éléphantine, est de vingt-huit coudées, et ce nombre est égal à celui des jours pendant lesquels la lune apparaît, et à celui qui mesure le temps qu'elle met pour accomplir chaque mois sa révolution. La plus petite hauteur, à Mendès et à Xoïs, en est de six coudées : elle répond aux six jours pendant lesquels la lune gagne son premier quartier. La hauteur moyenne, qui se produit aux environs de Memphis, est de quatorze coudées, quand la crue est normale ; elle correspond aux jours que met la lune pour arriver à son plein.

Ces mêmes philosophes prétendent aussi qu'Apis est l'image vivante d'Osiris, qu'il est engendré au moment où une lumière génératrice part de la lune et vient toucher la génisse en chaleur[1]. Pour le même motif ils ajoutent encore qu'Apis paraît offrir plusieurs traits de ressem-

---

1. « Apis, dit HÉRODOTE, III, 28, est le rejeton d'une vache qui, après l'avoir porté, est incapable de concevoir ; sur elle, un rayon descend du ciel, et de ce rayon elle enfante Apis. » Il naît de la lumière du ciel, dit aussi ÉLIEN, *Nat. anim.*, XI, 10. Cf. MARIETTE, *La mère d'Apis,* et du même, *Sérapéum,* p. 126-128.

blance avec les formes de la lune : son éclatant pelage est par endroits noirci de taches sombres. En outre, à la nouvelle lune du mois Phaménoth, les Égyptiens célèbrent une fête appelée : « *l'entrée d'Osiris dans la lune* », et cette fête est le commencement du printemps[1]. Et c'est ainsi, concluent-ils, que les Égyptiens, en plaçant dans la lune la puissance d'Osiris, racontent que ce dieu s'unit avec Isis, qui est la force productrice. Aussi appellent-ils Isis la « *Mère du monde* », et la font-ils d'une nature à la fois mâle et femelle, puisque, fécondée et engrossée par le soleil, elle émet à son tour et sème dans les airs des principes générateurs. L'influence destructive de Typhon, en effet, ne prévaut pas toujours. Souvent elle est vaincue et enchaînée par la force génératrice ; puis, quand de nouveau elle se libère, elle entre en lutte avec Horus. Or, Horus est l'ambiance qui entoure le

---

1. Le mois Phaménoth, septième mois de l'année égyptienne, répondait à la fin de notre mois de février et à une grande partie du mois de mars. Cette fête du commencement du printemps était la fête de la pleine lune printanière, dont l'apparition coïncide avec l'éveil des forces de la nature. La lune réfléchit la lumière solaire, surtout lorsqu'elle est dans son plein ; et, à ce moment, Osiris ou (le Soleil) semble venir à elle et s'y unir. Cf. Brugsch, *Relig. und Mythol. der alt. Ægypt.*, p. 625-626 ; Sourdille, *op. cit.*, p. 130.

monde terrestre qui n'est jamais absolument affranchi de la corruption et de la génération[1].

44. Certains autres philosophes prétendent que ce récit est une figure allégorique des éclipses. Selon eux, la lune s'éclipse quand elle est dans son plein, et quand, se trouvant en opposition avec le soleil, elle tombe dans l'ombre de la terre, comme on dit qu'Osiris tomba dans le cercueil. A son tour, tous les trentièmes jours de sa révolution, la lune cache et obscurcit le soleil, sans toutefois complètement l'anéantir, tout comme Isis n'anéantit pas Typhon.

On raconte aussi que, lorsque Néphthys eut engendré Anoubis, Isis reconnut cet enfant. Néphthys, en effet, désigne ce qui est sous terre et ce qu'on ne voit pas ; Isis au contraire, ce qui est sur terre et ce qu'on voit. Or le cercle qui touche à ces deux hémisphères, qui est commun à tous deux et qu'on appelle horizon, reçoit le nom d'Anoubis. On le représente sous la figure d'un chien, car le chien voit pendant la nuit tout aussi

---

[1]. « Horus, dit Lefébure, dans le *Mythe Osirien*, chap. i, *Les Yeux d'Horus*, p. 102, fut d'abord le ciel, ou l'air dont le ciel paraît formé ; puis il représenta la lumière céleste en lutte avec les fléaux typhoniens, et il s'identifia enfin avec l'expression la plus visible de cette force, le soleil. »

bien que pendant le jour. Ainsi donc Anoubis paraît jouir, auprès des Égyptiens, des mêmes attributions qu'Hécate chez les Grecs : il est à la fois souterrain et céleste.

Il en est d'autres à qui il semble qu'Anoubis soit Cronos, et ils estiment que c'est parce que Cronos engendre tout de lui-même et porte tout en lui-même qu'il a reçu le nom de chien[1]. Mais ce mot est en outre, pour les adorateurs d'Anoubis, un terme improférable et enveloppé d'un sens mystérieux et secret. Jadis d'ailleurs le chien recevait en Égypte les honneurs les plus grands. Dans la suite, lorsque Cambyse eut tué le bœuf Apis et l'eut fait jeter à la voirie[2], aucun animal ne s'approcha de lui et n'osa y goûter ; le chien seul y toucha, et il perdit dès lors le privilège qu'il avait d'être le premier et le plus honoré de tous les animaux.

1. Le mot grec qui veut dire *chien*, κύων, ressemble au verbe κύω, *je suis gros, je porte en mon sein.*
2. Sur la façon dont Cambyse, pendant les cérémonies solennelles qui accompagnaient son intronisation, tua le bœuf Apis et fit fouetter les prêtres, cf. Hérodote, III, 27-28-29. Ce roi mourut, au témoignage d'Hérodote, II, 65, et d'Élien, frag. 431, d'une blessure qu'il se fit à la cuisse, à la place même où il avait précédemment frappé le bœuf Apis. Cf. Maspero, *op. cit.*, p. 694.

Enfin, il y a d'autres gens qui donnent le nom de Typhon à l'ombre de la terre, dans laquelle ils pensent que la lune glisse et tombe, quand elle s'éclipse.

45. Il résulte donc de tout ce que nous venons d'exposer, que ce n'est pas sans apparence de vérité qu'on peut dire que si chacune de ces interprétations prises en particulier n'est pas exacte, prises dans leur ensemble elles se trouvent être justes. Ce n'est point en effet la sécheresse causée par la chaleur, le vent, la mer, les ténèbres que représente Typhon, mais tout ce que la nature contient de nuisible et de destructif. Il ne faut donc point placer, comme le voulaient Démocrite et Épicure[1], les premiers principes du monde universel dans des corps inanimés, et il ne faut pas non plus, comme les Stoïciens[2], admettre qu'une seule

1. Démocrite et Épicure expliquaient la formation de l'univers et de tous les phénomènes de la nature par la rencontre fortuite et les combinaisons mécaniques de corpuscules tombant éternellement dans le vide. Ces corpuscules indivisibles, infiniment ténus, en nombre infini, identiques en nature, ne différant que par le poids, le volume et la forme, étaient par eux appelés des *atomes*.

2. L'idée fondamentale du Stoïcisme est de considérer l'Univers manifesté comme un vivant dont l'âme serait Dieu, et l'homme, comme une partie d'un tout admirablement organisé dans lequel la souffrance et le mal tendraient à des fins conformes à cette admirable ordonnance. Cet ordre universel était la manifestation d'une

raison ait créé une matière sans propriété, et qu'une unique influence domine sur tout et régit toutes choses. En effet, il est impossible, si Dieu est la cause de tout, qu'il y ait dans le monde quoi que ce soit de mauvais, et qu'il s'y trouve quelque chose de bon, si Dieu n'est la cause de rien. « *L'harmonie du monde, en* effet, *est,* selon Héraclite, *comme l'harmonie d'un arc ou d'une lyre qu'on tend pour les détendre* [1]. » Et Euripide dit aussi : « *Les biens et les maux ne sauraient être séparés; c'est un certain mélange qui fait notre bonheur* [2]. »

Aussi existe-t-il une doctrine qui se rattache à la plus haute antiquité, et, qui, des fondateurs des connaissances sacrées et des législateurs, est descendue jusqu'aux poètes et jusqu'aux philosophes. Son origine est anonyme ; mais c'est une doctrine dont le crédit vigoureux et indéracinable se retrouve fréquemment impliqué non seulement dans les discours et dans les traditions, mais

---

seule Raison, d'une âme unique considérée comme le principe et la fin de toutes les formes dont ne cesse pas de se vêtir une matière éternelle.

1. Cf. Héraclite, édit. Diels, frag. 51. Voir aussi Platon, *Symp.*, 187A et Plutarque, *De Tranq. An.*, 15.
2. Vers d'Euripide, édit. Nauck, 294.

encore dans les rites initiatiques et dans les sacrifices, tant chez les Barbares que chez les Grecs. Cette doctrine enseigne que l'univers ne flotte pas dans les airs par l'effet du hasard, sans intelligence, sans cause, sans pilote. Elle ajoute que ce n'est pas une raison unique qui le domine et le conduit comme avec un gouvernail ou avec un frein modérateur, mais que les biens et les maux y sont le plus souvent mêlés, ou plutôt que rien, pour tout dire en un mot, de tout ce que produit ici-bas la nature n'est exempt de mélange [1]. Il n'y a pas qu'un sommelier qui, puisant à deux tonneaux, mêlerait des liqueurs et nous distribuerait, à la façon d'un cabaretier, les événements qui doivent nous toucher [2]. Mais tout nous advient de

1. Cette théorie qui prétend que le monde manifesté est le produit d'une opposition de deux principes, dont l'un engendre le bien et l'autre le mal, a reçu le nom de *madzéisme*. Dans cette lutte, c'était, au dire des Mages, le principe du bien qui devait l'emporter. Cf. A. FRANCK, *Dict. des sciences philosophiques*.

2. Plutarque, dans ce passage, fait allusion aux vers suivants d'HOMÈRE, *Iliade*, XXIV, 525-534. « Les dieux ont voulu que les jours des misérables mortels soient tissus de disgrâces : seuls, ils jouissent d'un bonheur parfait. Aux pieds du trône de Zeus sont deux tonneaux : l'un renferme les maux, l'autre les biens. Quand Zeus que réjouit la foudre puise dans ces deux sources, notre vie est mélangée de bonheur et d'infortunes. Celui qui ne reçoit que des maux en partage est livré à l'insulte et au mépris : des détresses

deux principes opposés, de deux forces contraires dont l'une nous guide vers la droite et en ligne directe, et dont l'autre nous ramène en arrière et nous pousse à rebours. De là ce mélange inhérent à la vie, inséparable du monde, sinon du monde universel, du moins de notre monde terrestre et sublunaire, sujet aux caprices de l'irrégularité, de la variabilité, et propre à recevoir toutes sortes de modifications. Si rien, en effet, ne peut se faire sans cause, et si ce qui est bien ne saurait devenir une cause de mal, il faut qu'il y ait dans la nature, comme il existe pour le bien, un principe particulier qui donne naissance au mal.

46. C'est là une opinion adoptée par les plus grands des sages et par les plus éclairés. Les uns, en effet, pensent qu'il existe deux dieux, doués en quelque sorte d'activités rivales, dont l'un est l'artisan du bien, et l'autre, du mal. Certains réservent le nom de Dieu au principe meilleur, et appellent Démon, le plus mauvais. C'est la doctrine du mage Zoroastre, qui vécut, dit-on, cinq mille ans avant la guerre de Troie. Il appelait Oromaze le principe du bien, et Arimane, le principe du mal[1]. Il ajou-

funestes le poursuivent sur terre, il erre de toutes parts en opprobre aux dieux et aux hommes. »

1. Oromaze, Ormoudz ou Ahouramadza signifiait « *l'omniscient* ».

tait qu'entre les choses sensibles, c'était à la lumière qu'Oromaze ressemblait particulièrement, et qu'Arimane au contraire était semblable à l'ignorance et aux ténèbres. Il disait encore que Mithra tenait le milieu entre ces deux principes, et de là vient que les Perses donnent à Mithra le nom de *Mésitès* ou de *Médiateur*[1]. En l'honneur d'Oromaze, Zoroastre avait prescrit des sacrifices de prières et d'actions de grâce, et pour Arimane, des cérémonies lugubres destinées à détourner les maux. Et en effet, les Perses pilent dans un mortier une certaine espèce d'herbe appelée *Môlu*, et ils invoquent en même temps Hadès et les Ténè-

---

On appelait cet esprit du bien, ce dieu par excellence, « le lumineux, le resplendissant, le très grand et très bon, le très parfait et très actif, le très intelligent et le très beau ». Ahrimane était le ténébreux, le nuisible, le pervers, le criminel et l'impie. Sur les dieux et la religion des Iraniens, cf. MASPERO, *op. cit.*, p. 609 sq.; J. DARMESTETER, *The Zend-Avesta* et *Ormazd and Ahriman*; HOVELACQUE, *L'Avesta, Zoroastre et le Madzéisme*; F. CUMONT, *Les religions orientales dans le paganisme romain*, 1913.

1. Mithra était un de ces génies intermédiaires, les Yzeds, le premier, qui veillent à la conservation et à l'ordonnance du monde, et qui relient l'homme à Dieu. On l'appelait l'esprit de la lumière divine. Cf. DARMESTETER, *The Zend-Avesta*, t. I, p. LXI, et t. II, p. 122-123. Sur Mithra, dont le nom signifie *ami*, cf. S. REINACH, *Cultes, Mythes et Religions*, t. I, p. 220-234, *La morale du Mithraïsme*.

bres. Ensuite, ayant mêlé à cette herbe le sang d'un loup égorgé, ils portent et jettent ce mélange dans un lieu où le soleil ne pénètre jamais ; car ils pensent que certaines plantes appartiennent au Dieu bon, et que certaines autres sont au mauvais Démon. De même, parmi les animaux, ils regardent les chiens, les oiseaux et les hérissons de terre comme appartenant au Dieu bon, et les rats de rivière, au Démon pervers. Aussi estiment-ils heureux celui qui tue un grand nombre de ces derniers animaux[1].

1. De cette vénération qu'avaient les Perses pour les oiseaux et les chiens, peut-être faut-il en chercher la cause dans ce que nous rapporte Hérodote ? « On n'inhume pas, dit-il, I, 140, le cadavre d'un Perse, avant qu'il n'ait été déchiré par les chiens et les oiseaux de proie. » « Les Mèdes, nous dit aussi Eusèbe, *Præp. Evang.*, VI, 277, présentaient les mourants à des chiens, qu'ils nourrissaient avec soin ». Quant aux Mages, ils différaient beaucoup des autres hommes et des prêtres égyptiens. « Ceux-ci, en effet, nous dit Hérodote, I, 40, s'abstenaient de tuer rien de ce qui avait vie, hormis ce qu'ils offraient en sacrifice. Les Mages tuaient de leurs mains, tout, excepté le chien et l'homme. C'était pour eux un sujet d'émulation de détruire fourmis et serpents, oiseaux et insectes. » Plutarque, dans son traité *Quels sont les animaux plus intelligents*, 16, nous dit que le hérisson de terre a la prescience du temps. Quant aux rats de rivière, le même Plutarque dans ses *Propos de table*, IV, 5, nous redit que les Mages, disciples de Zoroastre, les détruisent. Le *Vendidad Sadé* nous dit en effet « que la charité de l'homme doit s'étendre aux bêtes mazdéennes, au taureau, au mou-

47. Les Perses aussi d'ailleurs racontent beaucoup de mythes au sujet de leurs dieux, comme ceux-ci, par exemple. Oromaze, disent-ils, issu de la plus pure lumière, et Arimane, né de l'obscurité, sont en guerre l'un contre l'autre. Oromaze créa six dieux : le premier est le dieu de la bienveillance ; le second, celui de la vérité ; le troisième, celui de l'équité. Des trois autres, l'un préside à la sagesse, l'autre à la richesse, et le troisième enfin a le privilège de créer les agréables douceurs qui accompagnent les belles activités[1]. Mais Arimane créa de son côté un nombre égal de dieux destinés à être comme les antagonistes de ceux qu'avait engendrés Oromaze[2]. Oromaze alors, s'étant donné un accroissement triple, s'en alla se placer à une distance

ton, au hérisson, au chien. Le chien est la meilleure créature d'Ahouramadza, celle pour laquelle il faut avoir le plus de respect. » Cf. J. Darmesteter, The Vendidad Sadé, t. I, p. 131.

1. Ces six dieux furent les plus puissants coadjuteurs d'Oromaze. On les appelle les Amshaspands ou les *immortels bienveillants*. Cf. Maspero, *op. cit.*, p. 612.

2. Les six mauvais génies qu'Arimane oppose aux créatures d'Oromaze sont la *pensée mauvaise*, le *feu destructeur*, qui cherche à semer dans le monde le chagrin et le péché, la *flèche de la mort* qui pousse les rois à la tyrannie et les hommes au vol et au meurtre, l'*arrogance-orgueil*, la *soif* et la *faim*. Cf. Maspero, *op. cit.*, p. 616, et Darmesteter, *The Zend-Avesta*, t. I, p. LXXII-LXXIII.

du soleil égale à celle qui sépare cet astre de la terre. Là, il s'occupa à orner d'étoiles le ciel, et il donna à l'une d'elles, à Sirios, la prééminence sur toutes et l'établit comme leur gardienne et leur surveillante. Ayant ensuite créé vingt-quatre autres dieux, il les plaça dans un œuf[1]. Mais Arimane, ayant aussi produit un nombre égal de dieux, ces derniers percèrent l'œuf, et les maux dès lors furent mélangés aux biens. Toutefois, un temps marqué par le destin approche et le jour vient où Arimane, après avoir amené la peste et la famine, sera de toute nécessité absolument anéanti par ces fléaux, et disparaîtra. La terre ne sera plus qu'une surface unie et régulière; il n'y aura plus qu'un même genre de vie, qu'une seule forme de gouvernement; les hommes seront heureux et tous ne parleront qu'une seule et même langue. Théopompe[2] nous

---

1. Ces vingt-quatre dieux sont les *Izeds*, ou les génies célestes; ceux que créa en nombre égal Arimane sont les *devs*, ou démons. Cf. DARMESTETER, *Ormadz and Ahriman*. Dans les Mystères de Dionysos, nous dit PLUTARQUE, *Propos de table*, II, 3, l'œuf était consacré comme une représentation de l'Être souverain, lequel produit et comprend toutes choses.

2. Théopompe de Chios était né vers 380 av. J.-C. Il ne nous reste que des fragments de ses *Helléniques* et de ses *Philippiques*, dans lesquelles cet orateur brillant et passionné, élève d'Isocrate, avait relaté

dit, d'après les Mages, que durant trois mille ans, ces deux divinités rivales domineront tour à tour et seront dominées, mais que, pendant trois autres mille ans, elles se combattront, se feront la guerre et détruiront l'une par l'autre tout ce qu'elles ont créé[1]; à la fin, Hadès lui-même sera vaincu ; les hommes deviendront bienheureux, ils n'auront plus besoin de nourriture et ne projetteront aucune ombre[2]. Les Mages ajoutent encore que le dieu qui aura amené et produit de tels résultats se reposera et cessera d'agir pendant un laps de temps considérable, mais pas plus long pour un dieu que la mesure ordinaire du sommeil d'un homme. Telle est la façon dont parlent les Mages en leur mythologie.

48. Les Chaldéens appellent les dieux du nom

toute l'histoire de son temps, et remonté jusque dans le passé. Cf. A. et M. CROISET, *Hist. de la littér. grecque*, t. IV, p. 662-674.

[1]. Ce cycle était de 12 000 ans. Habituellement on le répartit en 4 périodes de 3 000 ans. Dans la 1re, Ormudz et Ahrimane créent ; dans la 2e, Ormudz règne ; dans la 3e, Ahrimane prévaut ; dans la 4e, lutte entre ces deux divinités et triomphe d'Ormudz.

[2]. Les âmes des morts, dit PLUTARQUE dans son Traité des *Délais de la Justice divine,* ne projettent pas d'ombre et ne clignent pas de l'œil. C'était à cette marque que les Pythagoriciens discernaient, quand pendant leur sommeil ils croyaient pénétrer dans la région subtile où habitent les âmes, s'ils y rencontraient les âmes des morts ou celles des vivants endormis.

des planètes qui les ont engendrés ; ils en désignent deux comme bienfaisants, deux comme malfaisants, et ils disent des trois autres qu'ils sont intermédiaires et qu'ils participent des quatre divinités contraires[1].

1. « Les Chaldéens, dit Diodore de Sicile, II, 29, sont les plus anciens des Babyloniens. Ils forment, dans l'État, une classe semblable à celle des prêtres en Égypte. Institués pour exercer le culte des dieux, ils passent toute leur vie à méditer les questions philosophiques, et se sont acquis une grande réputation dans l'astrologie... La philosophie des Chaldéens est une tradition de famille ; le fils qui en hérite de son père est exempté de toute charge publique... Habitués à l'étude dès leur enfance..., les Chaldéens demeurant toujours au même point de la science, reçoivent leurs traditions sans altération... Ils enseignent, ajoute cet auteur, liv. II, 30, que le monde est éternel de sa nature, qu'il n'a jamais eu de commencement et qu'il n'aura pas de fin. Selon leur philosophie, l'ordre et l'arrangement de la matière sont dus à une providence divine ; rien de tout ce qui s'observe au ciel n'est l'effet du hasard ; tout s'accomplit par la décision arrêtée et souveraine des dieux. Ayant observé les astres depuis les temps reculés — depuis leurs premières observations astronomiques jusqu'à l'invasion d'Alexandre, ils ne comptent pas moins de quatre cent soixante-treize mille ans — ils en connaissent exactement le cours et l'influence sur les hommes, et prédisent à tout le monde l'avenir. » Trad. Hoeffer. — Les Chaldéens, selon le témoignage de Diodore, liv. II, 30, reconnaissaient cinq *planètes* : Saturne, Mars, Vénus, Mercure et Jupiter. Ils les appelaient *interprètes,* parce qu'elles annoncent, par leur mouvement particulier, les événements futurs, et interprètent aux hommes les desseins des dieux. Sur les dieux des Chaldéens, cf. Maspero, *op. cit.*, p. 160 sq.

Quant aux Grecs, leur doctrine est à peu près connue de tout le monde. Ils donnent à Zeus Olympien le privilège de nous accorder le bien, et ils font d'Hadès une divinité dont il faut écarter l'influence. Leurs mythologues racontent que d'Aphrodite et d'Arès naquit Harmonia : Arès étant considéré par eux comme farouche et destructeur, et Aphrodite, comme charmante et créatrice. Vois d'autre part, ô Cléa, combien leurs philosophes se conforment à cette doctrine. Héraclite appelle ouvertement « *la Guerre, la reine et la souveraine de tout*[1] ». Et Homère, ajoute-t-il, quand il souhaite que « *la Discorde s'éteigne entre les dieux et les hommes*[2] », « *ne voyait pas qu'il prononçait une malédiction contre la génération de tous les êtres, puisqu'ils proviennent de la lutte et de l'opposition, que le soleil ne saurait franchir les limites qui lui sont assignées, et que, s'il le faisait, il rencontrerait les Érynnies pour protéger la Justice*[3]. »

Empédocle donne au principe générateur du bien le nom d'*amour*[4] et d'*amitié*[5] ; souvent encore

1. Héraclite, édit. Diels, *frag.*, 53.
2. Vers 128 du XVIIIe chant de l'*Iliade*.
3. Héraclite, édit. Bywater, *frag.*, 29 et 43.
4. Empédocle, édit. Diels, *frag.*, 17, 19.
5. Empédocle, édit. Diels, *frag.*, 17, 20.

il l'appelle « *harmonie au doux regard*[1] ». Quant au principe du mal, il le désigne sous le nom de « *haine pernicieuse*[2] », de « *discorde sanglante*[3] ».

Les Pythagoriciens s'expriment en donnant plusieurs noms aux deux principes. Ils appellent celui du bien l'*unité*, le *défini*, le *stable*, le *direct*, l'*impair*, le *carré*, l'*égal*, le *côté droit*, le *lumineux* ; et le principe du mal la *dyade*, l'*indéfini*, le *mû*, le *pair*, l'*oblong*, l'*inégal*, le *côté gauche*, le *ténébreux*. Tels sont pour eux les principes qui servent de fondement à la génération[4].

Anaxagore appelle *Intelligence*, le principe du bien, et celui du mal, *Infini*[5].

Aristote nomme le premier la *forme*, et l'autre, la *privation*[6].

Platon, qui souvent s'exprime comme d'une manière enveloppée et voilée, donne à ces deux principes contraires, à l'un le nom de « *toujours le même* » et à l'autre, celui de « *tantôt l'un tantôt*

1. EMPÉDOCLE, édit. Diels, *frag.*, 122.
2. EMPÉDOCLE, édit. Diels, *frag.*, 17, 19.
3. EMPÉDOCLE, édit. Diels, *frag.*, 122.
4. Frag. pythagoriciens, édit. Diels, *frag.*, 5.
5. ANAXAGORE, édit. Diels, *frag.*, 1, 12.
6. ARISTOTE, *Métaph.*, I, 5 ; I, 7, 8.

l'autre[1] ». Mais dans ses *Lois*[2], ouvrage écrit par lui dans un âge plus avancé et dans lequel, au lieu de s'exprimer d'une façon énigmatique et symbolique, il se sert des mots propres, il affirme que le monde n'est pas mis en mouvement par une seule âme, mais par un grand nombre peut-être, et tout au moins certainement par deux. L'une est la créatrice du bien, et l'autre, qui lui est opposée, produit des effets opposés. Il admet encore une troisième nature intermédiaire, qui n'est privée ni d'âme, ni de raison, ni de mouvement qui lui soit propre, comme quelques-uns l'ont pensé, mais qui, tout en dé-

---

1. PLATON, *Tim.*, 35 A.
2. PLATON, *Leg.*, 896 D sq. Dans ce passage, Platon parle bien de deux âmes, l'une bonne et l'autre mauvaise, qui auraient concouru toutes deux à la formation du monde ; mais il ajoute ensuite, 904 E, que le démiurge a tout mis en œuvre pour que le bien l'emportât sur le mal. « De quelques passages du *Traité d'Isis et d'Osiris*, dit O. GRÉARD, dans *la Morale de Plutarque*, p. 263, on a induit à tort que Plutarque admettait le principe du dualisme Manichéen. Les développements sur lesquels repose cette conjecture ont un caractère purement historique. Plutarque cherche toutes les explications vraisemblables des mythes égyptiens. L'explication Manichéenne se présentant à son tour à son esprit, il l'expose comme il fait toutes les autres ; puis il passe, et là comme ailleurs c'est à la doctrine de Platon qu'il s'arrête. Le dogme du *Timée* est son dogme. »

pendant des deux autres, tend toujours à suivre la meilleure, la désire, la poursuit[1]. C'est ce que montrera la suite de notre discours qui s'attachera spécialement à concilier la théologie des Égyptiens avec la philosophie de Platon.

49. Effectivement, l'origine et la composition du monde est le produit d'un mélange de deux forces contraires, qui ne sont certes pas également puissantes, mais dont la meilleure prévaut. Que disparaisse absolument le principe du mal, c'est impossible, vu qu'il est profondément im-

---

1. Platon, dans ce passage des *Lois,* nous dit que dans le monde manifesté, la raison ne s'explique le mouvement dans l'univers qu'à l'idée d'un premier principe moteur. Ce principe, Platon l'appelle âme, et il le déclare antérieur à tout ce qui dans l'univers participe au mouvement sans se mouvoir soi-même, en un mot à la matière. Au-dessus donc de toutes les âmes manifestées dans les choses, il y a une âme souverainement intelligente et bienfaisante, qui domine et enchaîne tout ce qui est malfaisant, tout ce qui entrave, en un mot, tout ce qui est matériel. Pour nous affranchir de la matière qui nous enveloppe et nous élever jusqu'à l'intelligence, pour nous libérer du mal qui nous empêche de monter vers le bien, nous avons pour nous les Génies et les Dieux. Entre l'âme du monde et la matière, l'homme tient le milieu, comme les Génies le tiennent entre le monde et Dieu. Sur la création de l'âme du monde, sur son essence divisible ou le corps de l'univers, et sur cette troisième essence intermédiaire participant de l'essence indivisible et de l'essence divisible, cf. PLATON, *Timée,* trad. H. Martin, dialogue qui semble sortir d'une école théologique égyptienne.

planté dans le corps et dans l'âme du monde, et toujours en lutte opiniâtre avec le principe du bien. Dans cette âme du monde, l'intelligence et la raison, qui est le guide et le souverain maître de tout ce qui s'y fait d'excellent, c'est Osiris. Et dans la terre, dans le vent, dans l'eau, dans le ciel et dans les astres, tout ce qui est réglé, constant et salutaire, par rapport aux saisons, aux températures et aux périodicités, tout cela découle d'Osiris, le manifestant sous une forme sensible. Typhon, au contraire, est tout ce qu'il y a dans l'âme du monde de passionné, de subversif, de déraisonnable et d'impulsif, et tout ce qui se trouve de périssable et de nocif dans le corps de l'univers. Tous les désordres auxquels donnent lieu les irrégularités et les intempéries des saisons, les éclipses de soleil, les effacements de la lune, sont comme les sorties et les manifestations de Typhon. C'est ce que prouve le nom de *Seth*[1], qu'on donne à Typhon, car ce mot signifie *force opprimante et contraignante,* et veut aussi dire souvent *renversement, bond en arrière.* Quant au nom de *Bébon*[2],

1. Seth, Set, Sit, est le nom égyptien de Typhon. Cf. E. MAYER, *Set-Typhon.*
2. Selon JABLONSKLI, *Panth. Ægypt.*, V, 2, 23, le mot *bébon*

qu'on lui donne aussi, certains prétendent que ce fut celui d'un des compagnons de Typhon. Mais Manéthon affirme que c'est Typhon lui-même qu'on appelle *Bébon*. Et ce mot a le sens d'*obstacle*, d'*empêchement*, comme pour signifier que la puissance de Typhon s'oppose au cours naturel des choses et à l'élan qui les pousse là où elles doivent aller.

50. Aussi, entre les animaux domestiques, lui a-t-on consacré le plus stupide de tous, l'âne; et, parmi les animaux sauvages, ceux qui sont les plus féroces, le crocodile et l'hippopotame. Nous avons déjà parlé de l'âne. Quant à l'hippopotame, on montre à Hermopolis, comme étant celle de Typhon, une statue représentant cet animal. Sur le dos de ce fauve se tient un épervier qui se bat contre un serpent. L'hippopotame désignant Typhon, l'épervier indique la puissance et l'autorité que souvent acquiert Typhon par la violence, autorité dont il ne cesse d'user en sa méchanceté pour troubler les autres et se troubler lui-même. Voilà pourquoi, dans les sacrifices qu'on lui fait le septième jour du mois Tybi[1],

aurait une origine copte et signifierait *génie du mal, esprit pervers.* Cf. ATHÉNÉE, XV, 680.

[1]. Le mois Tybi, cinquième mois de l'année égyptienne, répon-

jour appelé « *Retour d'Osiris de la Phénicie* », on moule sur des galettes la figure d'un hippopotame enchaîné. Dans Apollinopolis[1], une loi oblige tous les citoyens sans exception à manger du crocodile. Au seul jour déterminé, ils en prennent autant qu'ils peuvent à la chasse, les tuent et les jettent devant le temple d'Apollon. Ils expliquent cet usage en disant que Typhon esquiva Horus en prenant la forme d'un crocodile. D'ailleurs tous les animaux, toutes les plantes, tous les événements pernicieux et funestes, ils les regardent comme l'œuvre de Typhon, comme le résultat de ses fonctions et de ses agitations.

51. Pour Osiris, il est par eux représenté par un œil et un sceptre ; le premier de ces signes marque la prévoyance, et le second, la puissance. Homère[2], de même, en donnant à Zeus, maître

dait en partie à notre mois de décembre, et en partie au mois de janvier. On y fêtait le retour d'Osiris de Byblos, ou son épiphanie.

1. Apollinopolis, selon Étienne de Byzance, était une ville de la Haute Égypte. Les habitants du territoire d'Éléphantine, dit Hérodote, II, 49, mangent du crocodile et ne le croient aucunement sacré. Voir aussi Élien, *Nat. anim.*, X, 21. On l'appelait aussi Edfou, et elle possédait un grand temple à Horus.
2. Homère, *Iliade*, VIII, 22.

et roi de toutes choses, le nom de « *suprême régisseur* », semble faire allusion par le mot *suprême* à la puissance de ce dieu, et par le mot de *régisseur,* à la clairvoyance de sa décision et à sa sagesse appliquée.

Maintes fois aussi, pour désigner Osiris, ils dessinent un épervier. Cet oiseau en effet l'emporte sur tous les autres par la vivacité de son regard, la rapidité de son vol et le peu de nourriture dont il a besoin pour subsister. On dit aussi que l'épervier, en voltigeant au-dessus d'eux, jette de la terre sur les yeux des morts qui ne sont pas ensevelis[1]. En outre, ajoute-t-on, lorsqu'il s'abat sur le Nil pour y boire, il tient son aile élevée; quand il a bu, il la rabaisse, et cela pour indiquer par ce geste qu'il est sauvé et qu'il a échappé au crocodile, car lorsqu'il est

---

1. « Les éperviers, dit Porphyre, *De abst.*, IV, 9, ont compassion de l'homme ; ils gémissent sur les morts étendus et ils répandent de la terre sur leurs yeux. » « Les Égyptiens, dit Élien, *Nat. anim.*, X, 16, vénèrent l'épervier comme une image d'Apollon, dieu qu'ils appellent Horus en leur langue. Ils les vénèrent car, de tous les oiseaux, les éperviers sont les seuls qui peuvent voir facilement et sans peine dans les rayons du soleil. Sans fermer les yeux, ils s'élèvent très haut et la flamme divine ne leur fait aucun mal. » Sur la légende qui raconte que les éperviers ensevelissent les morts, voir aussi Élien, *op. cit.*, II, 42. L'épervier devint l'incarnation d'Horus.

saisi par cet animal, l'aile de l'oiseau persiste à rester droite.

Partout aussi en Égypte on montre des statues d'Osiris représenté sous une forme humaine, le membre viril dressé, pour indiquer sa vertu génératrice et nourricière. Ses images sont couvertes d'un voile couleur de flamme, parce que le soleil est regardé comme le corps de la puissance du bien, comme l'éclat visible de la substance intelligible. Voilà pourquoi il faut à bon droit rejeter l'opinion de ceux qui assignent à Typhon la sphère du soleil, puisque rien de lumineux, de salutaire, de régulier, de productif, de mû avec ordre et mesure, ne saurait provenir de Typhon, et que ce sont tous les effets contraires qui rentrent dans l'ordre de ses attributions. Une sécheresse brûlante, qui fait périr nombre d'animaux et de plantes, ne doit pas être regardée comme l'ouvrage du soleil; elle est, au contraire, produite par les vents et les eaux qui ne se mêlent pas à propos dans la terre et dans l'air, lorsque la domination de la puissance irrégulière et indéterminée provoque le désordre et étouffe les exhalaisons qui pourraient tempérer la chaleur du soleil.

52. Dans leurs hymnes sacrés en l'honneur

d'Osiris, les Égyptiens invoquent « *Celui qui se cache dans les bras du Soleil* »; et le trentième jour du mois Epiphi[1], lorsque la lune et le soleil se trouvent être sur une même ligne droite, ils célèbrent une fête appelée « *la Naissance des yeux d'Horus* », parce qu'ils regardent non seulement la lune, mais encore le soleil, comme le regard et la lumière d'Horus[2]. Le vingt-deux du mois Phaophi[3], après l'équinoxe d'automne, ils fêtent la « *Naissance des bâtons du Soleil* », pour marquer que cet astre a comme besoin de support et d'affermissement, que la chaleur et la lumière sont venues à lui faire défaut et qu'il s'en va loin de nous en déclinant obliquement. En

---

1. Le mois Epiphi, onzième mois de l'année égyptienne, correspondait en grande partie à notre mois de juin et au commencement de juillet.

2. « Le ciel, dit Maspero, *Hist. anc. des peuples*, t. I, p. 86, est Horus le Grand, l'épervier aux plumes bariolées qui plane au plus haut des airs et qui embrasse d'un regard fixe le champ entier de la création. Comme son nom assonait en calembour au terme *Horou* qui désigne le visage humain, on mêla les deux sens et on joignit à l'idée de l'épervier celle d'une face divine, dont les deux yeux s'ouvraient tour à tour, l'œil droit, le soleil, pour éclairer les jours, l'œil gauche, la lune, pour illuminer les nuits. » Cf. Lefébure, *Les Yeux d'Horus*, p. 96-98.

3. Le mois Phaophi, deuxième mois de l'année égyptienne, correspondait en les chevauchant à septembre-octobre.

outre, à l'époque du solstice d'hiver, ils portent en procession une vache avec laquelle on fait sept fois le tour du temple. Ce circuit se dénomme « *Recherche d'Osiris* », parce que la Déesse, dans la saison d'hiver, désire l'eau qu'amène le soleil[1]. Ce nombre de sept évolutions tient à ce que le soleil ne parvient qu'en sept mois du solstice d'hiver au solstice d'été[2]. On dit aussi qu'Horus, fils

1. La crue du Nil commençait peu après le solstice d'été.
2. Osiris solaire est dans l'humanité ce que le Soleil est dans le ciel. « Or, écrit Th. Dévéria, dans son *Introduction mythologique* ou *Papyrus de Neb-Qed,* le soleil semble naître quand il se lève et mourir quand il se couche. Mais le coucher du soleil à l'Occident est en quelque sorte le témoignage de son prochain lever à l'Orient. Les Égyptiens ne tardèrent pas à en conclure que la nature en général et l'homme en particulier ne devaient pas non plus s'anéantir et qu'au contraire tout était destiné à renaître après la mort. Pour que l'assimilation soit complète, cette nouvelle naissance devait être nécessairement précédée d'un état transitoire répondant à la phase nocturne, c'est-à-dire à la course de l'astre dans les régions inconnues de l'hémisphère inférieur, qu'on supposait ténébreuses. L'homme ne devait donc renaître qu'après les pérégrinations mystérieuses de l'existence d'Outre-Tombe, qui devaient s'accomplir dans les Enfers. Ces phases diverses se renouvelant sans cesse et avec une régularité absolue, on en tira l'idée de l'éternité, non seulement pour la divinité, mais encore pour l'homme et pour le monde entier. » C'est à cette éternité, manifestée dans le monde par le mouvement, que l'homme devait s'unir, comme va nous le dire Plutarque, en s'unissant au mouvement, et se fixer ainsi au moteur immobile, à ce qui ne change pas.

d'Isis, fut le premier qui, le quatrième jour du mois, sacrifia au Soleil, comme il est rapporté dans les livres qui traitent « *Des Anniversaires de la naissance d'Horus*[1] ». Trois fois par jour d'ailleurs ils brûlent des parfums en l'honneur du soleil : de la résine à son lever, de la myrrhe lorsqu'il parvient au milieu du ciel, et un parfum composé appelé *Kyphi* à son déclin[2]. Chacune de ces trois offrandes a une signification que je donnerai dans la suite. Ils croient par toutes ces pratiques honorer le soleil et se le rendre favorable. Mais qu'est-il besoin de recueillir beaucoup de traits semblables? Certains auteurs en effet disent ouvertement qu'Osiris est le soleil, que ce dieu est appelé Sirios par les Grecs, et que l'article O, que les Égyptiens ont ajouté devant ce nom, est la seule cause qui puisse donner prise à un malentendu[3]. Ils affirment aussi qu'Isis n'est point différente de la Lune, que

1. Sur les sacrifices commémoratifs qu'institua Horus après son triomphe sur Typhon, cf. LEFÉBURE, *Le Mythe Osirien*, sect. I, *Les Yeux d'Horus*, p. 55.

2. Sur ces cérémonies qui se répétaient trois fois par jour, cf. *Le décret de Rosette*, éd. Chabas, p. 45 ; A. MORET, *Le Rituel du divin journalier*, p. 22.

3. Selon Suidas, *s. v.* Σείριος, les Grecs appelaient quelquefois le Soleil Sirios. Cf. ARCHIL., 61, édit. Bergk.

celles de ses statues où elle porte des cornes sont des images de la lune croissante, et que celles qui sont voilées de noir figurent les disparitions et les obscurcissements dans lesquels elle tombe, quand elle désire et poursuit le soleil. Voilà pourquoi ils invoquent la Lune pour le succès de leurs amours, et Eudoxe nous dit que c'est Isis qui décide des conflits amoureux[1]. Toutes ces opinions ne sont pas après tout dénuées de vraisemblance. Par contre, ceux qui font de Typhon le soleil ne méritent même pas d'être écoutés. Mais reprenons, quant à nous, notre propre explication.

53. Isis est donc la nature considérée comme

1. Les Égyptiens, comme nous l'avons vu au paragraphe 43 de ce traité, donnaient à la lune le nom de *Mère du monde*, parce qu'elle répand dans l'air les principes fécondants qu'elle a reçus du soleil. Ils croyaient aussi, que si le soleil était l'auteur et le maître de l'esprit, la lune était la maîtresse du corps et influait beaucoup sur sa formation. FIRMIN MATERNE, dans sa préface au Ve livre de ses *Mathématiques*, en adressant la parole à la lune, lui dit : « *O toi, la mère des corps humains !* ». Sur Isis, considérée comme le principe de la génération, cf. *Hymne à Isis*, édit. E. Abel, v. 36. Dans APULÉE, au onzième livre de ses *Métamorphoses*, on voit qu'Isis est appelée *Vénus de Paphos*, *Vénus céleste* « qui, aux premiers jours du monde, rapprocha par un amour inné les sexes différents, et propagea par une fécondité éternelle les humaines générations. » Isis, d'ailleurs, fut confondue avec Hâthor, l'Aphrodite égyptienne.

femme et apte à recevoir toute génération. C'est en ce sens que Platon la nomme « *Nourrice* » et « *Celle qui contient tout*[1] ». Par la plupart elle est appelée « *Déesse aux noms innombrables*[2] », parce que la divine Raison la conduit à recevoir toutes espèces de formes et d'apparences. Elle a un amour inné pour le premier principe, pour le

1. Cf. PLATON, *Tim.*, 49 A. Platon y parle du *Verbe*.
2. Dans APULÉE, *Métam.*, liv. XI, Isis est tour à tour appelée Reine du ciel, Cérès, Vénus, Phébé, Proserpine. « Je suis, dit-elle en apparaissant à Lucius, la Nature, la mère des choses, maîtresse de tous les éléments, origine et principe des siècles, divinité suprême, reine des Mânes, première entre les habitants du ciel, type uniforme des dieux et des déesses. C'est moi dont la volonté gouverne les voûtes lumineuses du ciel, les souffles salutaires de l'Océan, le silence lugubre des Enfers. Puissance unique, je suis par l'univers entier adorée sous plusieurs formes, avec des cérémonies diverses, *avec mille noms différents*. Les Phrygiens, premiers nés sur la terre, m'appellent Déesse de Pessinonte et mère des dieux ; les Athéniens autochtones me nomment Minerve Cécropienne. Je suis Vénus de Paphos chez les habitants de l'île de Chypre ; Diane Dictynne chez les Crétois habiles à lancer des flèches ; Proserpine Stygienne chez les Siciliens qui parlent trois langues ; je suis Cérès, la vieille divinité, chez les habitants d'Éleusis ; Junon, chez les uns, Bellone chez les autres ; Hécate chez ceux-ci ; Rhamnusie chez ceux-là. Mais ceux qui les premiers sont éclairés des divins rayons du Soleil naissant, les peuples de l'Éthiopie, de l'Arie, et les Égyptiens puissants par leur antique devoir, m'honorent seuls du culte qui m'est propre, seuls ils m'appellent par mon véritable nom : à savoir, la reine Isis. » Trad. Bétolaud.

principe qui exerce sur tout un suprême pouvoir, et qui est identique au principe du bien ; elle le désire, elle le poursuit, et elle fuit et repousse toute participation avec le principe du mal. Quoiqu'elle soit pour l'un et pour l'autre une matière et un habitat, elle incline toujours d'elle-même vers le principe meilleur ; c'est à lui qu'elle s'offre pour être fécondée, pour qu'il sème en son sein ce qui émane de lui et ce qui lui ressemble. Elle se réjouit de ces semences et elle tressaille d'allégresse, quand elle se sent grosse et remplie de germes producteurs. Toute génération en effet est une image dans la matière de la substance fécondante, et la créature est produite à l'imitation de l'être qui lui donne la vie.

54. Ce n'est donc pas hors de propos que les Egyptiens soutiennent en leur mythologie que l'âme d'Osiris est éternelle et incorruptible, que son corps est maintes fois démembré et dissimulé par Typhon, et qu'Isis, errant de tous côtés, le cherche et parvient de nouveau à le recomposer[1].

---

1. L'âme d'Osiris est identifiée par Plutarque avec l'intelligence divine. Son corps est Horus, le monde sensible, ou la matière périssable ordonnée par l'intelligence éternelle. Ce corps est démembré par Typhon ; mais Isis en réunit les morceaux et le reconstitue pour une vie nouvelle. Et c'est ainsi, comme l'écrit G. LAFAYE, *op. cit.*,

L'Être en effet, qui est aussi l'intelligence et le
bien, est au-dessus de toute corruption et de
tout changement. C'est de lui que découlent les
images modelées dans la matière corporelle et
sensible ; elle en reçoit des déterminations, des
formes et des similitudes, comme la cire reçoit
les empreintes d'un sceau. Mais ces empreintes
ne durent pas toujours. Elles sont saisies par le
principe désordonné et tumultueux qui, relégué
ici-bas loin des régions supérieures, combat contre
Horus, contre ce dieu engendré par Isis pour être
l'image sensible du monde intelligible. Voilà pourquoi il est dit que Typhon accuse Horus d'être un
enfant bâtard, puisqu'il n'est ni pur ni sans
mélange, comme son père, la Raison divine, dont
la substance est essentiellement simple et incapable de toute passivité, tandis que lui, par son

p. 1, qu'Osiris est un dieu en trois personnes ; il est lui-même la
première, Isis est la seconde. Sous ces deux formes il a la faculté
de se reproduire éternellement, et il échappe à l'action de Set, principe de destruction. Set a mis les membres d'Osiris en pièces, et
les a dispersés ; Isis, femme et sœur de la victime, les réunit et les
rappelle à la vie ; elle en forme la troisième personne qui prend le
nom d'Horus. Ainsi Dieu n'a ni commencement ni fin, et il se per-
pétue par un effet de sa propre puissance ; en lui le père et le fils
ne se distinguent pas, et ils sont identiques tous deux à la mère qui
les fait revivre l'un par l'autre.

entrée dans le monde corporel, est abâtardi par la matière. Mais Horus triomphe et sort victorieux de cette accusation avec l'aide d'Hermès, c'est-à-dire de la raison, qui atteste et qui prouve que la nature en se transformant reproduit le monde à l'image de l'ordre intelligible. En effet, en disant qu'Isis et qu'Osiris étaient encore dans le sein de Rhéa, quand ces deux divinités donnèrent naissance à Apollon[1], les Égyptiens veulent nous faire entendre qu'avant que notre monde fût devenu visible, avant que la matière eût reçu de la raison sa détermination, la nature, accusée d'être en elle-même imparfaite, avait reçu sa première naissance. Voilà pourquoi les Égyptiens prétendent que ce dieu naquit infirme et au sein des ténèbres ; et pourquoi ils le nomment Horus le Vieux[2]. Ce dieu, en effet, n'était pas le monde,

1. Isis et Osiris, a déjà dit Plutarque, au paragraphe 12, amoureux l'un de l'autre, s'étant unis avant même de naître dans le sein de Rhéa, donnèrent naissance à Arouéris, Horus l'ancien ou Apollon.
2. Rhéa est la déesse Nout, la Nature ou l'Espace des Cieux. Horus le Vieux sort du sein de Nout avant ses propres générateurs, Isis et Osiris. Cet Horus, premier enfantement de la nature imparfaite, nous semble personnifier la matière première, indéterminée, comme une terre sigillaire, mais déjà disposée et comme prête à recevoir les raisons, les formes et les empreintes qui découlent de l'âme d'Osiris ou de l'Intelligence suprême. Quant au plus jeune Horus, il est, comme nous le dit Plutarque, paragraphes 43 et 55,

mais un simulacre et une ombre du monde qui devait être formé.

55. Quant au plus jeune Horus, qui est l'Horus déterminé et parfait, il ne détruisit pas entièrement Typhon, mais il lui enleva sa force et son activité. C'est pour cela, disent-ils, qu'à Coptos la statue Horus tient dans une de ses mains le membre viril de Typhon[1]. De plus, leurs mythologues racontent qu'Hermès, après avoir ôté à Typhon ses nerfs, en fit des cordes pour sa lyre. C'est une façon de nous apprendre que lorsque la Raison organisa le monde, elle établit l'harmonie en la faisant résulter d'éléments opposés, qu'elle n'anéantit pas la force destructrice, mais qu'elle se contenta de la régulariser. Aussi ce principe est-il affaibli et débilité sur la terre, mêlé qu'il est ici-bas et combiné avec des éléments susceptibles d'être diversement affectés et modifiés. Mais il n'en reste pas moins la cause des tremblements et des secousses qui ébranlent le

---

le monde organisé accompli et parfait, le monde qui en se renouvelant sans répit, triomphe de Typhon. Pour E. Grébaut, Osiris défunt fécondant Isis pour renaître en Horus est le symbole de l'astre qui renaît chaque jour de lui-même. Cf. *Recueil des Travaux*, t. I, *Des deux yeux du disque solaire*.

1. Sur l'émasculation de Typhon, voir le *Livre des Morts*, chap. xvii, 30, 112-113.

sol, des sécheresses brûlantes et des vents qui
jettent le désordre dans l'air, des ouragans accompagnés d'éclairs et de tonnerre. Sa pestilentielle
influence s'étend sur les eaux et sur l'air respirable ; il bondit et secoue sa crinière jusque dans
le globe lunaire dont maintes fois il trouble et
obscurcit l'éclat. C'est ce que pensent et disent
les Égyptiens, quand ils affirment que Typhon,
tantôt frappe Horus sur l'œil, tantôt le lui
arrache, l'engloutit et le rend ensuite au soleil [1].
Par ce coup en effet, ils désignent allégoriquement la décroissance mensuelle de la lune ; par
la privation totale de cet œil, ils entendent
l'éclipse de cet astre, que le soleil répare en
l'éclairant de nouveau quand il s'est dégagé de
l'ombre de la terre.

56. La nature la plus parfaite et la plus divine
se compose donc de trois principes qui sont:
l'intelligence, la matière et le produit de leur
union, le monde organisé [2], comme l'appellent
les Grecs. Platon a coutume de désigner l'intelli-

---

1. Sur Typhon conçu comme un monstre qui, en cherchant à
dévorer la lune ou l'œil d'Horus, occasionne ainsi les phases de cet
astre et ses éclipses, cf. LEFÉBURE, *op. cit.*, p. 51.
2. Sur la création et l'organisation du cosmos, cf. PLATON,
Tim., 50 et sq.

gence sous les noms d'*idée*, de *modèle*, de *père* ; la matière, sous ceux de *mère*, de *nourrice*, de *base* et de *siège de la génération*, et le résultat de leur union, il le dénomme le *descendant* et l'*engendré*. Il paraît probable que les Égyptiens ont considéré le triangle rectangle comme le plus beau des triangles, et que c'est surtout à cette figure qu'ils ont comparé la nature de l'univers. Platon d'ailleurs semble aussi s'en être servi pour représenter, dans sa *République*[1], le mariage sous une forme géométrique. Dans le triangle rectangle, en effet, le nombre trois représente un des côtés de l'angle droit ; le nombre quatre, la base ; le nombre cinq, l'hypothénuse, et le carré de celle-ci est égal à la somme des carrés des côtés qui contiennent l'angle droit[2]. Il faut donc

---

1. Platon, dans le passage de la *République*, 546, ici visé, veut désigner un nombre qui, dans sa pensée, représentait la grande année humaine et qui, d'après lui, exerçait une influence sur les mariages et sur les naissances. C'est un des passages les plus obscurs de ce philosophe. Cf. l'épilogue que J. Dupuis ajouta à sa traduction des œuvres de Théon de Smyrne et qui est intitulé : *Le Nombre géométrique de Platon*.

2. C'est Pythagore qui avait découvert que, dans tout triangle rectangle, le carré de l'hypothénuse est égal à la somme des carrés des deux autres côtés. En effet, en représentant par 3 un des côtés de l'angle droit, par 4 la base et par 5 l'hypothénuse, on a $5 \times 5 = (3 \times 3) + (4 \times 4)$.

se représenter le côté de l'angle droit comme figurant le mâle, la base du triangle comme figurant la femelle, et l'hypothénuse, le produit des deux. De même, on doit considérer Osiris comme le premier principe, Isis comme la substance qui en reçoit les influences, et Horus comme l'effet qui résulte de l'union de l'un et de l'autre. Le nombre trois, en effet, est le premier nombre impair et parfait ; quatre est le carré de deux, premier nombre pair, et cinq, composé de deux et de trois, tient à la fois et de son père et de sa mère. Du mot πέντε, *cinq*, est dérivé, dit-on, le mot πάντα, *univers* ; et, pour dire compter, on emploie aussi le mot composé *compter-par-cinq*. De plus, cinq élevé au carré donne un nombre égal à celui des lettres de l'alphabet égyptien, et à celui des années que vit le bœuf Apis[1].

1. Autrefois, dit PLUTARQUE, *De Defec. orac.*, 36, l'usage était de dire *compter par cinq* pour signifier *compter*. Je crois même que le mot *univers*, πέντα, a été dérivé de πέντε, *cinq*, par analogie, attendu que le nombre cinq, la pentade, est composé des deux premiers nombres. Le nombre cinq, en effet, représentait l'idée de Justice en unissant des parties inégales (2 et 3). Il unissait aussi le premier nombre » femelle (2) avec le premier nombre mâle (3). Le nombre cinq était aussi appelé *sphérique*, parce que quand on le multiplie par lui-même autant de fois qu'on le veut, la désinence du produit reste toujours égale à lui-même. Cf. A. DELATTE, *Études sur la littér. pythag.*, p. 152, 173.

Les Égyptiens ont en outre l'habitude d'appeler aussi Horus *Min*[1], mot qui répond à *vu*, parce que le monde est sensible et visible. Pour Isis, tantôt ils l'appellent *Mout*, tantôt *Athyri* et *Méthyer*. Le premier de ces noms, disent-ils, signifie *mère*; le second, *habitation terrestre d'Horus* (dans le même sens que Platon appelle Isis le *siège* et le *réceptacle* de la génération), et le troisième est composé de deux mots qui veulent dire *plein* et *cause*[2]. La matière du monde, en effet, est pleine, et elle se rattache à une

---

1. Min, Minou en égyptien, était le grand dieu de Chemmis dans la Haute Égypte. Il devint un dieu de la génération. On le représentait presque toujours ithyphallique. Les Grecs l'assimilèrent au dieu Pan, et Chemmis fut nommée Panopolis. Les Égyptiens le confondirent avec Horus, et il fut regardé comme le fils d'Isis. Sur Minou, cf. G. STEINDORFF, *The Religion of ancient Ægyptians*, p. 22 ; ERMAN, *La Religion égyptienne*, trad. Vidal, p. 30 ; MASPERO, *Hist. Anc.*, t. I, p. 99.

2. *Mout* ou Maout, la *Mère*, était l'épouse d'Amon, dieu créateur et providence, et divinité principale de Thèbes. Isis hérita de ses prérogatives. *Athyri* est la déesse Hâthor, dont le nom signifie bien *habitation d'Horus*, ou le sein des espaces célestes. Cette Déesse de l'amour et de la fécondité fut, à mesure que s'étendait la religion d'Osiris, démunie de ses rôles, et Isis s'assimila toutes ses formes. *Méthyer* est un qualificatif, signifiant la *toute pleine*, que portait aussi Nit à Saïs. Cf. BRUGSCH, *Relig. und Mythol.*, p. 123. Sur Hâthor, P. VIREY, *La Relig. de l'anc. Egypte*, p. 82-83, 185. Sur Mout, SOURDILLE, *op. cit.*, p. 43-44, 154-157.

cause bonne, pure et souverainement ordonnée.

57. Il se pourrait qu'Hésiode, en faisant du Chaos, de la Terre, du Tartare et d'Éros les premiers éléments du monde universel [1], ne supposât pas d'autres principes que ceux dont il vient d'être question. Il nous faudrait dans ce cas, attribuer, par une sorte de substitution, le nom d'Isis à la Terre, d'Osiris à Éros et de Typhon au Tartare. Quant au Chaos, il semble qu'Hésiode ait voulu par lui supposer quelque place et quelque lieu appropriés à l'univers.

La nature même du sujet que nous traitons rappelle aussi jusqu'à un certain point le mythe que Socrate rapporte, dans le *Banquet* de Platon, sur la naissance d'Éros[2]. Pénia, dit-il, voulant avoir des enfants, vint se coucher auprès de Poros endormi ; et, engrossée par lui, elle mit au monde Éros, qui est un enfant d'une nature mixte et composée de tendances diverses, attendu

1. Au commencement, dit Hésiode, *Théog.*, v. 116-122, « exista le Chaos, puis la Terre à la large poitrine, siège toujours solide de tous les Immortels qui habitent le faîte de l'Olympe neigeux, ensuite le sombre Tartare dans les profondeurs de la terre spacieuse, enfin Éros le plus beau d'entre les Dieux Immortels ».
2. Voir à propos du mythe de la genèse d'Éros, Platon, *Symp.* 203, pages 135-138 de notre traduction. Poros a le sens général d'*abondance*, et Pénia, d'*indigence*.

qu'il est né d'un père bon, sage et apte en tout à se suffire à lui-même, tandis que sa mère est inhabile, sans ressource, ayant toujours par dénuement besoin d'une chose et aspirant obstinément à une autre. Poros, en effet, n'est point autre chose que le premier bien digne d'être aimé, désiré, le premier principe parfait et qui se suffise à lui-même. Par Pénia, Platon veut désigner la matière, qui est par elle-même indigente de tout bien et qui, lors même qu'elle est rassasiée, continue toujours à désirer et à être apte à toujours recevoir. L'être qui naît d'eux est le monde ou Horus ; il n'est ni éternel, ni exempt d'affections, mais il renaît toujours ; et, grâce aux changements qui résultent de ses modifications et aux évolutions auxquelles il est soumis, il se maintient toujours jeune et persiste sans être jamais anéanti.

58. Il faut donc se servir des mythes, non point comme de raisons absolument probantes, mais pour prendre en chacun les traits de ressemblance qui se concilient avec notre pensée. Lors donc que nous parlons de matière, il ne faut pas nous laisser entraîner par les opinions de quelques philosophes, et nous la figurer comme un corps privé d'âme, sans qualité, sans activité et sans énergie propre. En effet, nous appelons

l'huile, une matière pour parfum; l'or, une matière pour statues; mais ni l'huile ni l'or ne sont dépourvus de toute qualité. De même, nous considérons l'âme même de l'homme et son intelligence comme une matière destinée à recevoir la science et la vertu, et nous les confions toutes deux à la raison, pour que celle-ci les ordonne et les dirige harmonieusement, d'accord en ceci avec certains philosophes qui ont déclaré que notre esprit était le lieu des idées, et semblable à une argile propre à recevoir les empreintes des choses intelligibles. Il y a aussi quelques sages qui croient que le sperme, chez la femme, n'a aucune puissance, aucun principe fécond, et qu'il ne sert que de matière et d'aliment à la génération[1].

Ceux qui s'attachent à de telles opinions doivent aussi penser que la Déesse Isis participe toujours à la vie du Dieu suprême, reste toujours unie à lui par l'amour qu'elle porte aux biens et aux beautés qui en émanent, et ne lui résiste jamais. Mais, comme nous disons d'un époux légitime et fidèle qu'il aime et désire à bon droit

1. Selon Diodore de Sicile, I, 80, « les Égyptiens croyaient que le père est l'auteur unique de la naissance de l'enfant, auquel la mère n'a fourni que la nourriture et la demeure. »

son épouse, et d'une femme excellente, qui est mariée et qui déjà avec son mari s'est unie, qu'elle le désire néanmoins : ainsi la Déesse désire toujours ardemment son époux, s'attache obstinément à lui, et ne cesse pas de vouloir se remplir des plus parfaites et des plus pures parties de son essence.

59. Aussi, lorsque Typhon, s'attaquant aux ultimes émanations de ce dieu, vient à s'en emparer, on dit alors qu'Isis paraît lugubrement s'attrister, s'affliger. Elle recherche tout ce qui reste d'Osiris et en recueille les fragments dans les plis de sa robe ; puis, quand elle en a reçu les débris périssables, elle les cache avec soin, afin de les produire au jour d'une nouvelle naissance, et de les faire de nouveau ressortir de son sein. Effectivement les idées, les manifestations et les émanations de ce dieu, qui brillent au ciel et dans les astres, se conservent en un état permanent; mais celles qui sont disséminées dans des éléments sujets à des modifications, dans la terre, dans la mer, dans les plantes et dans les animaux, toutes celles-là se dissolvent, se corrompent, s'ensevelissent pour souvent reparaître de nouveau à la lumière et se manifester en une autre naissance. C'est là ce que veulent dire les

mythologues quand ils racontent que Typhon devint l'époux de Néphthys, et qu'Osiris eut avec elle un commerce secret. En effet, les tout derniers états de la matière, qu'ils appellent Néphthys et Téleutè, sont plus que les autres soumis à l'action du principe destructeur. Le principe conservateur et fécond ne répand en eux qu'un germe faible et languide, germe qu'anéantit Typhon, exceptés toutefois les éléments qui en sont recueillis par Isis, qui alors les sauve, les nourrit et les reconstitue.

60. En somme, c'est le meilleur principe qui prévaut, comme le pensent Platon et Aristote. Le principe générateur et conservateur de la nature se meut vers lui et tend à l'être, et le principe destructif et corrupteur s'éloigne de lui et tend au non-être. Voilà pourquoi on donne à la Déesse le nom d'Isis, nom qui provient du mot ἴεσθαι, *s'avancer*, parce qu'elle se meut et progresse avec science, et que son mouvement est animé et dirigé par la réflexion[1]. Ce nom n'est pas en effet d'origine barbare ; mais, de

1. Plutarque nous a déjà dit, au paragraphe 2 de ce traité, que dans le mot Isis, de ἴσημι, *savoir*, était incluse l'idée de *science* ; il y ajoute ici, en se servant d'une étymologie analogue à celle dont Platon se sert dans le *Cratyle*, l'idée de mouvement tirée de ἴεσθαι, *s'avancer*.

même que l'appellation commune à tous les dieux, θεός, *dieu*, a été formée de deux mots, θεατός et θέων, dont l'un signifie *contemplé*. et l'autre, *qui court*[1] : de même, le nom de cette Déesse est composé des deux mots, ἐπιστήμη et κίνησις, qui réunissent en elle le *mouvement* et la *science,* et chez nous, comme chez les Egyptiens, elle a reçu le nom d'Isis[2]. Platon dit encore que pour désigner la *substance,* οὐσία, les Anciens se servaient du mot ἰσία[3]. De même les mots νόησις, *intelligence,* et φρόνησις, *sagesse appliquée,* indiquent que ces facultés sont comme un *élan de l'esprit,* νοῦ

1. Quant à l'étymologie du mot *dieu,* voici ce qu'en dit PLATON, *Cratyle,* 397 B. « Les premiers hommes qui habitèrent la Grèce me semblent n'avoir reconnu d'autres dieux que ceux qui sont aujourd'hui encore en honneur chez la plupart des Barbares, le soleil, la lune, la terre, les astres et le ciel. Comme ils les voyaient dans un mouvement perpétuel, et toujours *courant,* θέοντα, de cette propriété qu'ils ont de *courir,* θεῖν, ils les appelèrent θεοί, dieux. »

2. Pour PLATON, *Cratyle,* 412, comme ici pour Plutarque, la science ou la sagesse est le soin que prend toute âme digne de raison de suivre le mouvement des choses, sans jamais s'en séparer ni se porter au-devant. Le mouvement étant l'acte manifesté de la pensée divine, s'unir à lui par l'intelligence et l'action, est vraiment s'unir à l'Intelligence motrice. Cette Intelligence étant suprêmement bonne ne peut que nous conduire au bien, et nous amener à *notre* bien, quelles que soient les vicissitudes auxquelles nous soumet l'éternel écoulement des êtres et des choses.

3. PLATON, *Cratyle,* 401 C. Platon dit ἐσία.

φορά, un mouvement de l'âme qui se porte et s'élance en avant[1]. Il ajoute aussi que les mots συνιέναι, *comprendre* ; τὸ ἀγαθόν, *le bien* ; ἡ ἀρετή, *la vertu*[2], viennent des mots ἰέναι, *aller* ; θέω, *je cours*, et ῥέω, *je coule*, et que, réciproquement, les mots qui ont un sens contraire, flétrissent le mal qui arrête le mouvement de la nature, l'entrave, l'enchaîne, le gêne et l'empêche de se mouvoir et de s'élancer : ce sont les mots κακία, *vice* ; ἀπορία, *hésitation* ; δειλία, *lâcheté* ; ἀνία, *découragement*[3].

1. PLATON, dans le *Cratyle*, 411 B, nous dit en effet que φρόνησις signifie l'*intelligence de ce qui se meut et s'écoule*, φορᾶς καὶ ῥοῦ νόησις. Quant au mot νόησις, *intelligence*, il signifie *désir de la nouveauté*, νέου ἕσις, à condition que, *par nouveauté des choses*, on entende qu'elles deviennent sans cesse. L'acte de l'âme désirant ce perpétuel changement serait la νόησις.

2. D'après PLATON, *Cratyle*, 412 A, le mot συνιέναι, *comprendre*, exprime que l'âme *marche de concert avec les choses*. « Le mot ἀγαθόν, *le bien*, *Cratyle*, 412 B, est celui qui convient à ce qu'il y a d'*admirable*, τῷ ἀγαστῷ, dans la nature entière. Tous les êtres se meuvent, les uns le font avec rapidité, les autres avec lenteur. Toutes choses ne sont donc pas rapides, mais quelques-unes sont *admirables par leur rapidité*. L'expression ἀγαθόν, *le bien*, s'applique à ce qui est *admirable par sa rapidité*, τοῦ θοοῦ τῷ ἀγαστῷ. » Quant au mot ἀρετή, *vertu*, *Cratyle*, 415 C, « il signifie *ce qui coule toujours*, ἀεὶ ῥέον, sans contrainte et sans obstacle. »

3. Pour PLATON, *Cratyle*, 415 B, le mot κακία, *mal*, signifie tout ce qui *va mal*, κακῶς ἰών. Le mot δειλία, *lâcheté*, vient de δεσμὸς ὁ

61. Quant au nom d'Osiris, il provient de l'association des deux mots : ὅσιος, *saint*, et ἱερός, *sacré*. Il y a, en effet, un rapport commun entre les choses qui se trouvent au ciel et celles qui sont dans l'Hadès, et les anciens avaient pour habitude d'appeler *saintes* les premières, et *sacrées* les secondes. Or le dieu qui nous révèle les choses célestes, qui est la raison de celles qui se portent vers les régions d'en haut, est Anoubis. Parfois aussi on l'appelle Hermanoubis. Le premier nom de ce dieu exprime ses relations avec le monde supérieur ; le second, ses rapports avec le monde d'en bas[1]. Voilà pourquoi les

λίαν, lien qui est trop fort. « La lâcheté, ajoute-t-il, sera donc un lien *très fort* et très puissant, dont notre âme est enchaînée. Aussi bien que la lâcheté, l'*hésitation*, ἀπορία, et en général tout ce qui met obstacle au *mouvement* et à la *marche*, ἰέναι, πορεύεσθαι, des choses est un mal. » Le *découragement*, ἀνία, et l'*hésitation*, ἀπορία, sont donc un arrêt, une suspension du mouvement. En résumé, tout ce qui nous pousse en avant est un bien ; tout ce qui nous arrête est un mal.

1. Plutarque interprète à la grecque le nom d'Anoubis, dans lequel il trouve le mot ἄνω qui signifie *en haut*. Hermanoubis ou Hermès-Anoubis est ici confondu avec l'Hermès psychopompe ou conducteur des âmes, des Grecs. C'est Anoubis, le dieu des deux horizons, qui ouvre aux défunts le chemin de l'autre monde, et qui, comme Hermès, guide et conduit les âmes dans l'au-delà. Connaissant le haut et le bas, il est le « *maître des secrets* ». Cf. E. Lefébure, *Le Vase divinatoire*, dans *Sphinx*, VI, p. 62-65.

Egyptiens lui sacrifient, tantôt un coq blanc, tantôt un coq de couleur jaune, car ils pensent que les choses célestes sont pures et lumineuses, et que celles d'en bas sont mélangées et bigarrées.

Il ne faut pas d'ailleurs s'étonner de ces noms formés à la façon des Grecs [1]. Il en est des milliers d'autres qui sont sortis de la Grèce avec des émigrants, et qui, s'étant propagés à l'étranger, y sont demeurés jusqu'à ce jour en usage. Quelques-uns pourtant ont été repris par les poètes ; mais ceux qui désignent ces mots sous le nom de *gloses* ou de *locutions étrangères* les accusent d'introduire des barbarismes. Dans les ouvrages appelés *Livres d'Hermès* [2], il est, dit-on, écrit au

1. Hérodote est d'un avis tout contraire à celui de Plutarque au sujet des noms des dieux. « Presque tous les noms des dieux, dit-il, II, 50, sont venus d'Égypte en Grèce. Mes recherches me prouvent que nous les tenons de contrées barbares et je pense qu'ils proviennent surtout de l'Égypte. »

2. Les livres d'Hermès ou *Livres hermétiques* étaient une longue série d'ouvrages — on en comptait vingt mille au dire de Jamblique — sur les arts, l'astrologie, la religion, la médecine, la morale, etc. Aucun auteur antérieur à l'ère chrétienne n'a fait mention de ces ouvrages. Néanmoins on les considère comme les dernières productions de la philosophie grecque et on admet communément qu'au milieu des idées alexandrines qui en forment le fond, il y a des traces réelles des dogmes religieux de l'ancienne Égypte. Cf. LOUIS MÉNARD, *Hermès Trismégiste*, Introduction. CHAMPOLLION-

sujet des noms sacrés que la puissance qui règle la circonvolution du soleil est appelée Horus par les Égyptiens, et désignée sous le nom d'Apollon par les Grecs, que celle qui préside à l'activité de l'air est appelée Osiris par les uns, Sarapis par les autres, et par certains, Sothis, qui est un terme égyptien. Or, ce dernier mot signifiant *grossesse* ou *être grosse,* son équivalent grec est κύησις, *grossesse,* et la langue grecque, en détournant ce mot de son habituelle acception, a donné le nom de κύων, *chien,* à la principale étoile de la constellation que les Égyptiens regardent comme spécialement consacrée à Isis[1].

Figeac, dans l'*Egypte ancienne,* p. 169, va plus loin et ne craint pas de dire que ces ouvrages contiennent « une masse de traditions purement égyptiennes, et constamment d'accord avec les monuments les plus authentiques de l'Égypte. » Il nous en reste quelques fragments importants, qui ont été traduits pour la première fois en français par François de Foix, 1574, et plus récemment par Louis Ménard, 1887. Cf. Reitzenstein, *Poïmandrès,* 1904. Pour nous, les livres d'Hermès sont un des plus précieux documents que nous ayons de la théologie et de la mystique gréco-égyptienne. Ils intéressent au plus haut point la littérature philosophico-religieuse, car ils constituent une étape du développement de l'esprit grec, qui part des religions de mystères pour aboutir, par l'apport de l'Égypte, à la vaste synthèse du Néoplatonisme.

1. L'apparition de *Sothis* ou de l'*étoile d'Isis* concourait exactement avec les premières crues du Nil. Cette étoile était pour les Égyptiens, nous dit Porphyre, *De Ant. Nymp.,* 24, le principe de

Mais il ne faut pas, en matière de noms, tenir à faire prévaloir son opinion. Toutefois, j'accorderai plutôt à la langue égyptienne le nom de Sarapis que celui d'Osiris. Le premier est étranger, le second est grec. Mais je pense que l'un et l'autre de ces deux vocables désignent une même puissance.

62. Les noms égyptiens d'ailleurs paraissent confirmer la doctrine qu'exposent les noms grecs. Fréquemment, en effet, Isis est appelée *Athéna*, et ce dernier nom en égyptien signifie : *je suis venue de moi-même*, et indique que cette Déesse tire d'elle-même son élan[1]. Typhon, comme il a été dit, est nommé *Seth, Bébon, Smu*, mots qui veulent dire : *empêchement violent, obstacle, opposition*. Ils appellent encore la pierre d'aimant *os d'Horus*, et le fer, *os de Typhon*, comme Manéthon le rapporte. Or, de même que le fer est tantôt comme attiré et entraîné par l'aimant, tantôt rejeté et repoussé dans une direction op-

la génération dans le monde. Elle marquait en effet le moment où Isis (l'Égypte) est fécondée par Osiris (le Nil).

1. Le nom d'Athéna est celui que les Grecs donnaient à Neit de Saïs. Suivant MALLET, *Le Culte de Neit à Saïs*, p. 188-197, le nom de Neit voudrait dire *ce qui est* : ce qui est par soi-même, c'est-à-dire éternel. Pour PROCLUS, *In Plat, Tim.*, 30, Neit ou Athéna est la puissance qui met tout en mouvement.

posée : de même, le mouvement du monde, mouvement bienfaisant, salutaire, conduit et ordonné par la raison, se tourne vers Typhon, attire à soi et rend plus douce, en la rendant docile, son inflexible et violente rudesse ; puis, se raidissant de nouveau, Typhon se replie sur lui-même et retombe sans fin dans le dérèglement.

Eudoxe nous dit encore, à propos de Zeus, que les mythologues égyptiens racontent que ce dieu naquit avec les jambes adhérentes l'une à l'autre, qu'il ne pouvait marcher, et que dans sa honte il vivait solitaire. Mais Isis, ayant fendu et séparé ces parties de son corps, lui procura une démarche agile et régulière. Ce mythe nous donne aussi à entendre que l'intelligence et la raison de ce dieu, séjournant primitivement en elles-mêmes dans l'invisible et dans l'impénétrable, se manifestèrent dans la génération par l'intermédiaire du mouvement.

63. Le sistre [1] indique aussi que tous les êtres

---

1. Le sistre était un instrument sacré que l'on agitait dans les fêtes d'Isis. Ils étaient, au témoignage d'Apulée, en airain, en argent ou même en or, et les prêtres en tiraient un tintement mélodieux. Cet instrument servait à accompagner la flûte traversière. CLAUDIEN, *De IV Cons. Honor.*, v. 574-576, après Apulée, nous parle, dans les vers suivants, de cette musique égyptienne :

doivent être agités et que jamais ils ne doivent s'arrêter d'être mus, mais qu'il faut comme les réveiller et les secouer de leur état de torpeur et de marasme. Les Égyptiens en effet, en prétendant que Typhon est détourné et repoussé par l'agitation des sistres, nous donnent à entendre que le principe corrupteur entrave et arrête le cours de la nature, mais que la génération, par l'entremise du mouvement, le dégage et le rétablit. La partie supérieure du sistre est de forme arrondie, et ce cintre contient les quatre tigettes[1] qui se secouent. En effet la portion du monde qui est engendrée et périssable est enfermée et contenue sous la sphère de la lune ; et, dans l'orbe que décrit cette sphère, toutes les choses qui s'y meuvent, tous les changemente qu'elles y subissent, sont l'effet de l'activité des quatre éléments: le feu, la terre, l'eau et l'air. Au sommet de la convexité du sistre est ciselé un chat à face humaine, et tout au bas

« *Nilotica sistris*
Ripa sonat, Phariosque modos Ægyptia ducit
Tibia, submissis admugit cornibus Apis. »

Sur la description du sistre, cf. APULÉE, *Métam.*, XI.

1. C'était tantôt des tigettes mobiles, tantôt des lamelles qui étaient secouées.

de ses branches, au-dessous des tigettes que l'on secoue, se voient d'un côté le visage d'Isis, et de l'autre celui de Néphthys. Par ces deux visages les Égyptiens veulent désigner la naissance et la mort, — car naissance et mort sont les changements et les mouvements auxquels les quatre éléments sont soumis. Le chat représente la lune, à cause de la variété de son pelage, de son activité pendant la nuit et de sa fécondité. On dit en effet que cet animal fait d'abord un petit, puis deux, puis trois, puis quatre, puis cinq, et ainsi jusqu'à sept à la fois, de sorte qu'en tout il va jusqu'à vingt-huit, nombre égal à celui des jours de la lune. Ceci d'ailleurs ne peut bien être qu'une fable. Mais il paraît toutefois que dans les yeux du chat, les prunelles s'emplissent et se dilatent à la pleine lune, tandis qu'elles se contractent au décours de cet astre[1]. Quant à la figure humaine donnée au chat, elle indique l'intelligence et la raison qui président aux phases de la lune.

64. Pour tout dire en peu de mots, il n'est pas juste de penser que l'eau, le soleil, la terre, le

---

1. Pour LEFÉBURE, *Le Mythe Osirien*, sect. I, *Les Yeux d'Horus*, p. 88, le chat est un emblème lunaire, et ses prunelles représentent la lune.

ciel soient Osiris ou Isis ; et que d'autre part, le feu, la sécheresse torride et la mer soient Typhon. Mais il faut simplement attribuer à Typhon tout ce qui, dans ces divers états, manque de mesure et de régularité, tant par excès que par défaut. Quant à tout ce qu'ils présentent d'ordonné, de bienfaisant, d'utile, regardons-le comme l'ouvrage d'Isis, révérons-le et respectons-le comme l'image, la représentation et la raison d'Osiris. Ainsi faisant nous ne nous tromperons pas. Bien plus, nous mettrons fin aux incertitudes et aux embarras d'Eudoxe, qui ne peut s'expliquer pourquoi ce n'est pas à Dèmèter qu'est attribué le soin de veiller aux choses de l'amour, mais à Isis ; pourquoi Dionysos n'a point le pouvoir, comme Osiris, de faire croître le Nil, ni celui de régner sur les morts. Pour nous, nous croyons que c'est par une même intelligence commune, que ces dieux, Isis et Osiris, sont déterminés à régir tout ce qui constitue l'apanage du bien. Tout ce qui est beau et bien dans la nature existe par eux ; Osiris en octroie les principes, et Isis les reçoit et les répartit.

65. Nous réfuterons de la même manière les opinions aussi répandues que grossières, de ceux qui se plaisent à expliquer tout ce que l'on

raconte de la vie de ces dieux en l'assimilant soit aux variations qu'éprouve l'atmosphère, soit à la production des fruits, aux semailles, aux labourages[1]. Ils disent qu'Osiris est enseveli, lorsque le grain que l'on sème est enfoui dans la terre, et que ce dieu reparaît et revit de nouveau, lorsque les germes commencent à pousser. Voilà pourquoi on raconte qu'Isis, ayant reconnu qu'elle était enceinte, s'attacha autour du cou une amulette, le sixième jour du mois de Phaophi[2]; et

---

1. Cette manière d'interpréter les mythes égyptiens ou grecs, en les rapportant aux travaux de l'agriculture et aux productions de la terre, devint surtout fort commune quelque temps après Plutarque, parmi les nouveaux sectateurs de Platon et de Pythagore. Eusèbe, *Præp. Evang.*, III, 115, rapporte un passage de Porphyre, qui exprime en propres termes l'opinion que Plutarque exprime ici pour la combattre, et ce philosophe pythagoricien fut, on le sait, un des plus zélés partisans du système allégorique. De nos jours, Lang, Mannhardt, R. Smith, S. Reinach, Frazer, etc. ont remis en honneur cette interprétation, en l'adaptant aux conceptions modernes de l'*animisme*. Ces explications ne manquent pas d'ingéniosité, ni même, quant à l'Égypte, de vraisemblance. Mais on aurait tort de s'imaginer qu'elles rendent compte de tous les mythes, qu'elles éclairent toute leur pensée profonde et qu'elles en sont la raison première et dernière. Sur la réfutation des doctrines animistes en général, et particulièrement du totémisme en Égypte, cf. le livre de G. Foucart, *Histoire des Religions et méthode comparative. Introduction*, et pages 62-122.

2. Le mois Phaophi est le second mois de l'année égyptienne. Il

que cette Déesse, vers le solstice d'hiver, mit au monde Harpocrate, créature imparfaite et nouvellement formée, comme le sont les germes qui viennent de fleurir et de commencer à se développer[1]. Pour la même raison on offre à ce Dieu les prémices des fèves naissantes, et on célèbre, après l'équinoxe du printemps, une fête en l'honneur des relevailles d'Isis. A entendre de pareilles interprétations, le vulgaire se réjouit et y croit, car ce qu'il a sous les yeux, ce qui arrive habituellement autour de lui, le dispose à en accepter la vraisemblance.

66. Il n'y aurait là rien de funeste, si tout

correspond à septembre-octobre. C'est le moment où sur la terre d'Égypte, avec la décrue du Nil, les semailles commencent. On dit alors qu'Isis est fécondée.

1. Suivant une récente théorie, Osiris serait un ancien dieu de la végétation, comme Dionysos. G. FRAZER, dans *Adonis, Attis, Osiris*, p. 330 sqq., reconnaît dans le mythe osirien toutes les caractéristiques du culte d'un esprit de la végétation. Né du ciel et de la terre, comme le grain fécondé par la pluie dans le sol, Osiris est démembré sous la faucille, puis de nouveau enterré dans les semailles pour ressusciter dans la moisson prochaine. Cf. WIEDEMANN, *Osiris végétant*, dans le *Muséon* de 1902 ; A. MORET, *Du Sacrifice en Egypte* dans la *Revue de l'Histoire des Religions*, LVIII, 1908, p. 81-101. Si Plutarque condamne cette explication, sa condamnation paraît surtout viser ceux qui prennent le symbole pour la chose signifiée, et qui ne voient Osiris que dans le grain de blé et dans les jeunes pousses.

d'abord on tenait Isis et Osiris pour des divinités nous concernant aussi, si on n'en faisait pas des dieux appartenant en propre aux Égyptiens, si on ne donnait pas uniquement leurs noms au Nil et au pays arrosé par ce fleuve, et si, en divinisant ses marais et ses lotus, on ne privait ainsi d'aussi grands dieux les autres hommes, qui n'ont pas de Nil, pas de Boutos, pas de Memphis. Tous les hommes pourtant admettent et reconnaissent Isis et tous les dieux qui l'accompagnent[1]. Quelques-uns d'entre eux, il est vrai, ont bien appris, depuis peu, à leur donner les noms qui les désignent en Égypte ; mais ils connaissaient bien avant, depuis l'origine, leur puissance respective, et ils la vénéraient[2]. En second

1. Sur la diffusion du culte d'Isis, cf. l'ouvrage de F. CUMONT intitulé *Les Religions orientales dans le paganisme romain*, 1884. Sur le culte d'Isis en Gaule, cf Dom J. MARTIN, O. S. B., *La Religion des Gaulois*, 2 vol., 1750. Et sur Isis à Paris où, paraît-il, s'élevait un temple à cette Déesse, cf. J.-N. DÉAL, *Dissertation sur les Parisii et sur le culte d'Isis*, 1826. Voir aussi LAFAYE, *Hist. du culte des Divinités d'Alexandrie*, p. 162-166.

2. D'après Plutarque, les idées divines, que représentent Isis et Osiris, auraient été de tout temps connues du monde entier ; le culte qu'on leur rendait, sans connaître leurs noms, était universel. Ce principe de l'unité essentielle de tous les cultes devint un des dogmes de l'école alexandrine. Le sage, disait Proclus, doit être l'hiérophante des cultes du monde entier. Pour HÉRODOTE, II, 3,

lieu, et ceci est plus grave, on en viendra, si l'on n'y prend point garde et si l'on ne se comporte avec une extrême précaution, à circonscrire sans le vouloir dans les vents, les cours d'eau, les semailles, les labourages, les transformations de la terre et les changements des saisons toutes les Divinités, et à les réduire à ne plus exister. Ainsi font ceux qui disent que Dionysos est le vin, et Héphaestos la flamme. Cléanthe[1] donne aussi quelque part le nom de Perséphone au souffle qui pénètre dans les fruits de la terre et qui meurt avec eux. Et un poète dit[2], en parlant des moissonneurs : « *Quand ces hommes robustes démembrent Dèmèter* ». Ceux qui émettent de telles opinions ne diffèrent en rien de ceux qui prendraient les voiles, les cordages et l'ancre pour le

comme pour Plutarque, dans les différents pays, de quelque terme qu'on les désignât, les types divins étaient identiques, car sous des noms différents vivaient de mêmes dieux, incarnant partout les aspirations et les conceptions identiques de la même âme humaine.

1. Cléante d'Assos, né vers l'an 300, est un philosophe stoïcien. Tombé dans la misère, il se fit porteur d'eau, et ne cessa pas de cultiver la philosophie, travaillant la nuit pour vivre et écoutant pendant le jour les leçons de Zénon. Il eut pour disciple Chrysippe, la colonne du stoïcisme. Sur la façon dont les stoïciens interprétaient la mythologie et notamment les Mystères, cf. CICÉRON, *De natura deorum*, I, 42 ; Saint AUGUSTIN, *De civit. Dei*, VII, 20.

2. Cf. PSEUD. PLUTARQUE, *De vita Hom.*, parag. 23.

pilote d'un navire, les fils et la trame pour le tisserand, et les potions et les tisanes pour le médecin. C'est d'ailleurs donner lieu à des opinions funestes et impies, que d'appliquer les noms des Dieux à des natures insensibles, à des objets inanimés, à des choses nécessairement destinées à être détruites par les hommes pour leurs besoins et leurs usages. Il n'est pas possible de regarder comme des dieux pareilles choses.

67. Dieu en effet n'est pas un être dénué d'intelligence et de vie, et subordonné à la puissance des hommes. Par les fruits que les dieux nous donnent pour subvenir à nos besoins, qu'ils nous fournissent avec autant d'assiduité que d'abondance, nous reconnaissons qu'ils existent, sans cependant croire qu'ils soient différents chez les différentes nations, barbares ou grecs, méridionaux ou septentrionaux. Mais, de même que le soleil, la lune, le ciel, la terre, la mer sont communs à tous, bien qu'appelés diversement chez les peuples divers : de même, cette unique raison qui règle l'univers, cette providence, une aussi, qui le gouverne, ces puissances destinées à l'assister en tout, sont l'objet d'hommages et de dénominations qui varient

avec les diverses coutumes[1]. Ces divers noms et ces rites servent de symboles, les uns plus obscurs, les autres plus éclatants, à ceux qui se consacrent aux études sacrées, et ils les conduisent, non sans danger toutefois, à l'intelligence des choses divines. Effectivement quelques-uns d'entre eux, ayant fait fausse route, ont entièrement glissé dans la superstition la plus complète ; les autres, fuyant comme un marais fangeux cette superstition, sont tombés sans s'en apercevoir dans l'athéisme, comme en un gouffre[2].

68. Voilà pourquoi il faut, particulièrement en ces questions, prendre la raison, secondée par la

---

[1]. La divinité ne saurait être multiple, dit Plutarque, *Sur le Ei du temple de Delphes,* 20 ; elle remplit l'éternité d'un « maintenant » qui ne cesse jamais. La meilleure façon de nommer Dieu et de le saluer est d'adopter cette formule de quelques anciens : « Tu es un », et il faut nécessairement, ajoute-il, *ibidem,* 20, « que ce qui est soit *un,* et que ce qui est un *soit.* » Les Égyptiens définissaient la Divinité et l'appelaient : L'*Un qui est unique et n'a pas son second.* Sur cette difficile question de l'unité divine dans cette multiplicité de dieux qui fit le fond de la religion égyptienne, cf. P. Virey, *La Religion de l'ancienne Egypte,* p. 66-83 ; P. Pierret, *Essai sur la mythologie égyptienne,* p. 9-14.

[2]. « L'ignorance pénible qui aveugle l'athée, dit Plutarque, *De Superst.,* X, XII, est un grand malheur pour son âme, en qui s'éteint le plus brillant et le plus puissant de ses yeux, l'idée de Dieu. »

philosophie, pour initiatrice et pour guide, afin de n'admettre que des pensées saintes sur l'interprétation des rites et des doctrines. Alors nous ne craindrons pas ce que disait Théodore[1], à savoir que les discours qu'il présentait de la main droite étaient reçus de la gauche par certains auditeurs. Nous de même, si nous comprenons tout autrement qu'il ne faut ce que les lois ont sagement établi touchant les sacrifices et les fêtes religieuses, nous ne manquerons pas de glisser dans l'erreur. Il faut donc tout référer à la raison-vérité et s'inspirer, pour régler nos pensées, des pratiques suivantes[2]. En effet, le dix-neuvième jour du premier mois, les Égyptiens célèbrent une fête en l'honneur d'Hermès; ils

1. « Il y a eu dans l'antiquité plusieurs personnages célèbres de ce nom; je crois qu'il s'agit ici de celui qui fut surnommé l'*Athée*, parce que dans un de ses ouvrages intitulé *des dieux*, et dans lequel, suivant Diogène-Laerce, liv. II, *seg.* 97, Épicure puisa beaucoup de choses, il détruisait toute idée de la divinité. » Note de Ricard.

2. Le mot λόγος signifiant à la fois *vérité manifestée, raison divine et créatrice, raison humaine* et *parole*, nous avons dû ajouter dans notre traduction, pour rendre claire la pensée de Plutarque, les mots suivants : *pour régler nos pensées*. Sur le λόγος représentant l'idée de force créatrice du verbe, la création par la parole, cf. A. Moret, *Rituel du culte divin et journalier*, p. 129, 154, 164, note 1.

mangent alors du miel et des figues et disent ensuite : « *Douce est la vérité* ». Le nom que porte l'amulette qu'Isis, selon les mythologues, se met autour du cou, signifie : « *Parole véritable* »[1]. Il ne faut pas s'imaginer qu'Harpocrate soit un dieu imparfait dans un état d'enfance, ni non plus une graine qui pousse. Mais il sied de le considérer comme celui qui rectifie et qui corrige les opinions irréfléchies, imparfaites et tronquées qui sont répandues parmi les hommes sur le compte des dieux. Voilà pourquoi, comme un symbole de discrétion et de silence, ce dieu tient un doigt appliqué sur sa bouche. Dans le mois mésori[2], les Égyptiens lui apportent des graines légumi-

---

1. Isis, nous a dit Plutarque, au paragraphe 65 de ce traité, ayant reconnu qu'elle était enceinte, s'attacha au cou une amulette. L'enfant qu'elle portait s'appelait Harpocrate. Dieu du silence et de la discrétion, il symbolise ici l'état débile de la pensée de l'homme qui, vis-à-vis des dieux, n'est jamais qu'un enfant. Le mieux qu'il puisse faire est de les adorer en silence. Les Pythagoriciens, comme les sages de l'Égypte, nous dit PORPHYRE, *De Ant. Nymph.*, 27, « honoraient par le silence le dieu-principe de tout ». Un de leurs préceptes était de garder ce qui faisait, dit-on, leur principale caractéristique, l'ἐχεμυθία, la *discrétion* et le *silence*.

2. Mésori est le dernier mois de l'année égyptienne. Le premier jour de leur année était le 20 juillet. Il coïncidait avec l'apparition de Sirius ou de l'étoile d'Isis. Cf. CHAMPOLLION-FIGEAC, *L'Egypte ancienne*, p. 236.

neuses et les lui offrent en disant : « *Langue est destin, langue est génie* ». De toutes les plantes qui croissent en Égypte, le *perséa*[1], dit-on, est celle qui est particulièrement consacrée à Isis, parce que son fruit ressemble à un cœur, et sa feuille à une langue. En effet, de tous les biens qui sont le propre naturel de l'homme, aucun n'est plus divin que la parole, surtout celle qui s'occupe des dieux, et aucun n'a une action plus décisive sur sa félicité[2]. Aussi, quand une personne est chez nous sur le point d'entrer dans un lieu où réside un oracle, l'exhortons-nous à penser saintement et à prononcer des paroles de bon augure. Mais la multitude, après avoir tout d'abord proclamé qu'il ne faut prononcer que de bonnes paroles dans les cérémonies et dans les

---

1. Le *perséa* est un des arbres sacrés de l'ancienne Égypte. Sa présence, dit Maspero, *op. cit.*, p. 9, sur les monuments de la douzième dynastie, nous prouve que Diodore, I, 34, commit une erreur en attribuant au Perse Cambyse le mérite d'avoir le premier introduit cet arbre.

2. Cette identité de la pensée, de la parole et de l'action est absolu en Dieu. Chez les Mages, dit J. Darmesteter, *Ormadz and Ahriman*, p. 7, « l'homme de bien par excellence était celui qui avait bonne pensée, bonne parole, bonne action. Quiconque réunissait en soi ces trois vertus était en état d'ordre et de pureté complète ».

fêtes, se conduit d'une façon ridicule, car elle profère ensuite sur les dieux les plus impies des propos et en arrive à les penser.

69. Mais comment doit-on s'acquitter des sacrifices sombres, tristes et lugubres, s'il est bien d'un côté de ne pas omettre ce qui nous est prescrit par l'usage, et s'il ne faut pas d'autre part, altérer les opinions qu'on doit avoir des dieux, ni les mêler à des craintes aussi troublantes qu'absurdes? Chez les Grecs aussi, et dans le même temps qu'il s'en accomplit en Égypte, il se célèbre plusieurs cérémonies semblables à celles que les Égyptiens pratiquent dans leurs fêtes. Ainsi, à Athènes, les femmes qui célèbrent les Thesmophories[1] jeûnent en se tenant assises par

1. Les Thesmophories étaient des fêtes qu'on célébrait à Athènes en l'honneur de Dèmèter. Seules, les femmes mariées pouvaient y prendre part ; les hommes en étaient rigoureusement exclus. On célébrait ces fêtes après les semailles, du 9 au 13 novembre. Leur nom vient de l'épithète θεσμοφόρος, *législatrice*, que l'on donnait à Dèmèter, car, disait-on, après avoir appris aux hommes la culture du blé, elle leur avait donné des lois pour régir leurs foyers et leurs cités. Mais la Déesse y était surtout honorée comme la Déesse féconde, la mère à la belle progéniture, qui préside autant à la production légitime des enfants qu'à celle des fruits de la terre. Pendant une partie de ces fêtes, les femmes étaient astreintes à la continence et à un jeûne rigoureux. « La loi dont elle célébrait la fête, dit Decharme, *Mythol. de la Grèce Ant.*, p. 377, n'était autre

terre. En Béotie, on déplace les *mégara*[1] de l'Affligée quand on célèbre la fête qu'on appelle *Affliction,* parce que la descente de sa fille aux Enfers avait été la cause de l'affliction de Déméter. Cette fête tombe autour du lever des Pléiades, dans le mois des semailles, mois appelé Athyr par les Égyptiens, Pyanepsion par les Grecs et Damatrios par les Béotiens[2]. Théopompe rapporte que les peuples qui habitent au couchant donnent à l'hiver, par suite de leur croyance, le nom de Cronos ; à l'été, celui d'Aphrodite ; au printemps, celui de Perséphone ; ils estiment en outre, ajoute-t-il, que tous les êtres proviennent

---

chose, sans doute, que la loi qui régissait leur vie d'épouse et de mère, l'antique et l'auguste institution du mariage, que le poète de l'*Odyssée,* XXIII, 296, désigne déjà sous le nom de θεσμός. » Isis, comme Déméter, portait l'épithète de θεσμοφόρος, *legifera.* Sur les Thesmophories, cf. P. FOUCART, *Les Mystères d'Eleusis,* p. 62-71 ; PRELLER, *Griechische Mythol.,* 1894, p. 778 sqq.

1. Les *Mégara,* selon PORPHYRE, *De Ant. Nymp.,* 6, étaient des *trous* ou des *fosses* que l'on consacrait aux divinités souterraines et dans lesquels, à certains jours, on immolait des cochons de lait. Sur les *Mégara,* cf. PORPHYRE, *l'Antre des Nymphes,* suivi d'un essai sur les Grottes par P. Saintyves, p. 68-79. Sur les cavernes et les gouffres qui servaient, dans la religion égyptienne, à communiquer avec ceux de l'autre monde, voir E. LEFÉBURE, dans *Sphinx,* t. III, *Le puits d'Abydos.*

2. Le mois des semailles correspond à la plus grande partie de notre mois d'octobre et aux premiers jours de novembre.

de Cronos et d'Aphrodite. Les Phrygiens, croyant que leur dieu dort pendant l'hiver et se réveille en été, célèbrent par des bacchanales ses *Assoupissements* en hiver, et ses *Réveils* en été. Les Paphlagoniens disent que leur dieu est solidement attaché et enfermé pendant l'hiver, mais qu'au printemps il reprend ses mouvements et se défait de ses liens.

70. La saison même dans laquelle ces fêtes lugubres se célèbrent donne lieu de soupçonner qu'elles ont été instituées parce que tous les fruits de la terre sont enfouis dans le sol. Or, les anciens considéraient ces fruits, non comme des dieux, mais comme des dons divins, importants et nécessaires pour ne point vivre d'une vie sauvage et féroce. Dans la saison où ils voyaient d'une part les fruits disparaître entièrement des arbres et manquer totalement, et de l'autre disparaître également les graines qu'ils avaient eux-mêmes semées en les épargnant, en s'en privant, déchirant la terre avec leurs mains, la recouvrant de nouveau après y avoir déposé des germes dont ils attendaient avec incertitude la croissance et la maturité, ils accomplissaient plusieurs cérémonies analogues à celles qui se font dans les funérailles et dans les jours de deuil. Dès lors,

comme nous disons de celui qui a acheté les œuvres de Platon, qu'il a acheté Platon, et de celui qui joue les comédies de Ménandre, qu'il joue Ménandre : de même, ces peuples n'hésitèrent pas à donner aux dons et aux largesses des dieux les noms mêmes des dieux, honorant et vénérant ces présents pour le besoin qu'ils en avaient. Mais leurs descendants ne surent pas accepter en connaissance de cause cette tradition, et ils attribuèrent par ignorance aux Dieux les vicissitudes que subissent les produits de la terre ; et, de ce fait, les apparitions et les disparitions des plus indispensables produits, non seulement ils les appelèrent les naissances et les évanescences des Dieux, mais ils crurent encore à ces alternances, se remplissant ainsi de croyances absurdes, troublantes et impies, bien que l'absurdité de ces extravagances sautât aux yeux. Xénophane de Colophon jugeait donc bien les Égyptiens, quand il disait : « S'ils pensent qu'il existe des dieux, ils ne doivent pas se lamenter ; s'ils se lamentent, c'est qu'ils ne croient pas qu'il existe des dieux.[1] » Il est ridicule en effet de demander

[1]. Dans son Traité *De la superstition*, 13, Plutarque nous dit encore que « Xénophane le physicien, en voyant les Égyptiens se frapper la poitrine et pousser des lamentations au milieu de leurs

avec des lamentations que les fruits de la terre réapparaissent et mûrissent, pour les pleurer de nouveau quand leur usage nous en aura privés.

71. Mais ce n'est pas ainsi que les choses se passaient. On se lamentait certes sur la disparition des fruits, mais on priait aussi ceux qui en sont les auteurs et les dispensateurs, les dieux, d'en produire encore de nouveaux et d'en faire repousser pour remplacer ceux qui avaient disparu.

En conséquence, les philosophes ont bien raison de dire que ceux qui n'ont pas appris à connaître le sens exact des mots se trompent également quand il s'agit de se servir des choses. Ainsi, chez les Grecs, ceux qui n'ont pas appris et qui n'ont point été habitués à considérer les effigies des Dieux qui leur apparaissent dans le bronze, en peinture, dans la pierre, comme des images des Dieux et des témoignages de considération, mais qui les ont appelés des Dieux mêmes, ceux-là en sont arrivés jusqu'à oser prétendre que Lacharès avait dépouillé Athèna, que Denys avait coupé les boucles dorées des cheveux d'Apollon, et que

fêtes, leur donna un avis plein de justesse : « Si ce sont des dieux, leur dit-il, ne les pleurez pas ; si ce sont des hommes, ne leur sacrifiez point. »

Jupiter Capitolin avait été consumé et détruit dans la guerre civile[1]. Ils ne remarquaient pas qu'en s'attachant aux noms, ils étaient entraînés à en dégager des croyances perverses et à les adopter. Cette méprise, les Égyptiens en furent particulièrement les victimes, dans le culte rendu par eux aux animaux. Les Grecs, en cela tout au moins, pensent et s'expriment d'une manière exacte quand ils disent que la colombe est consacrée à Aphrodite, le dragon à Arès, le corbeau à Apollon, le chien à Artémis, comme on le voit dans Euripide qui dit : « *Tu deviendras le chien magnifique d'Hécate porteuse de lumière.* »[2] Mais le plus grand nombre des Égyptiens, en honorant et en traitant comme des dieux les animaux eux-mêmes, n'ont pas fait seulement que de remplir leur liturgie de pratiques prêtant au ridicule et à la

[1]. Lacharès, qui s'était emparé de la souveraineté d'Athènes, enleva le manteau d'or dont Périclès avait fait couvrir la statue d'Athéna. Denys le Tyran fit couper à une statue d'Apollon sa barbe d'or, disant, en montrant une statue de Zeus qui n'avait point de barbe, qu'il n'était pas naturel que le fils en eût, tandis que le père n'en avait pas. L'incendie, dont parle ici Plutarque, eut lieu, croit-on, vers l'an 671 de Rome, dans lequel le Capitole fut brûlé.

[2]. Cf. EURIPIDE, édit. Nauck, p. 525. Hécate, la Déesse des carrefours et des routes infernales, fut assimilée à Artémis, déesse de la Lune.

dérision, ce qui est le moindre mal issu de cette aberration, mais ils ont encore attaché à leurs rites des opinions funestes qui ont précipité les esprits faibles et simples dans la superstition la plus complète, et qui ont fait échouer dans l'athéisme et dans la plus farouche déraison, les plus violents et les plus courageux. Voilà pourquoi il n'est pas hors de propos d'examiner ici ce qu'il y a d'admissible dans le culte par eux rendu aux animaux[1].

1. « L'Égypte ancienne, écrit MASPERO, op. cit., p. 34-35, a rendu un culte aux animaux, et chaque nome (province) nourrissait, à côté de son dieu-homme, un dieu-bête qu'il proposait à la vénération des fidèles... Tous ces animaux furent d'abord honorés en tant qu'animaux, les uns, comme le lion, le sphinx, le crocodile, parce qu'on les craignait et qu'on leur reconnaissait une force, un courage, une adresse supérieure à celle de l'homme ; les autres, comme les bœufs, l'oie, le bélier, parce qu'ils servaient bien l'homme et qu'ils lui faisaient la vie plus facile. Plus tard, l'idée première se modifia, au moins parmi les théologiens, et l'animal cessa d'être le dieu, pour devenir la demeure, le tabernacle vivant, le corps, dans lequel les dieux infusaient pour ainsi dire une parcelle de leur divinité. L'épervier fut l'incarnation d'Horus et non plus Horus lui-même, le chacal et le bœuf furent l'incarnation d'Anubis et de Phtah, et non plus Anubis ou Phtah en personne. Dès lors les dieux furent conçus indifféremment sous leur forme bestiale ou sous leur forme humaine, souvent même sous une forme mixte où les éléments de l'homme et de la bête étaient combinés selon des proportions diverses. Horus, par exemple, est tantôt un homme,

72. Ce que l'on raconte, que les Dieux, par crainte de Typhon, se métamorphosèrent en ces divers animaux et se cachèrent en quelque sorte dans des corps d'ibis, de chiens et d'éperviers, tout cela dépasse toutes les monstruosités et tous les contes possibles [1]. Il ne faut pas croire non plus que toutes celles des âmes des morts appelées à survivre [2] ne puissent recouvrer une nouvelle existence que dans les corps de ces animaux

tantôt un épervier, tantôt un épervier à tête d'homme, tantôt un homme à tête d'épervier. Sous ces quatre formes il est Horus, et n'est pas plus lui-même sous une d'elles qu'il ne l'est sous l'autre. Quelquefois l'absorption du dieu-bête par le dieu-homme n'avait de raison d'être qu'un simple jeu de mots : Sit-Typhon répondait à l'hippopotame, parce que en égyptien Typhon se dit Tobhou, et l'hippopotame Tobou. »

1. Voici à ce propos ce qu'écrit Diodore, I, 86 : « Les Dieux, anciennement peu nombreux, étant accablés par le nombre et la méchanceté des enfants de la Terre, prirent la forme de certains animaux pour se soustraire à la cruauté et à la violence de leurs ennemis. Devenus plus tard maîtres de l'Univers, et reconnaissants envers leurs anciens sauveurs, ils consacrèrent les espèces d'animaux dont ils avaient revêtu la forme, et ordonnèrent aux hommes d'en avoir soin pendant leur vie, et de les ensevelir avec pompe après leur mort. »

2. Par ces âmes appelées à survivre ici-bas, il faut entendre les âmes insuffisamment purifiées pour être affranchies du cercle des naissances et qui sont condamnées, jusqu'à leur libération finale, à retomber dans le monde de la génération, à être mangées par la *Dévorante*.

seuls. Quant à ceux qui veulent donner à ce culte une origine toute politique, les uns racontent qu'Osiris, étant à la tête d'une armée considérable, répartit ses forces en plusieurs contingents, ou, comme disent les Grecs, en compagnies et en détachements. A chaque contingent, il donna une enseigne représentant un animal, et l'espèce à laquelle appartenait cet animal devint pour tous ceux qui se ralliaient à telle enseigne, un objet de culte et de vénération. Selon d'autres, les rois qui vinrent plus tard, voulant effrayer leurs ennemis, se présentaient à eux recouverts de masques d'or et d'argent, reproduisant les traits des animaux sauvages[1]. Enfin, il en est

1. Voici comment Diodore, I, 86, rapporte la légende que vient de nous narrer Plutarque. « Les habitants de l'Égypte, dit-il, étant souvent vaincus par leurs voisins, à cause de leur ignorance dans l'art de la guerre, eurent l'idée de se donner dans les batailles des signes de ralliement ; or, ces signes sont les images d'animaux qu'ils vénèrent aujourd'hui et que les chefs portent fixés à la pointe de leurs piques, en vue de chaque rang de soldats. Comme ces signes contribuaient beaucoup à la victoire, ils les regardaient comme la cause de leur salut. Or, la reconnaissance établit d'abord la coutume de ne tuer aucun des animaux représentés par ces images, et cette coutume devint ensuite un culte divin. » Trad. Hoeffer. Cette conception se rapproche de celle des totémistes modernes. Sur le totémisme en général, cf. S. Reinach, *Cultes, Mythes et Religions*, t. I, introduction. L'auteur y expose, y développe et y coordonne

d'autres qui rapportent ce que fit un de leurs rois, plein d'astuce et de ruse. Connaissant les Égyptiens comme des esprits naturellement légers et particulièrement disposés aux changements et aux innovations, et voyant que leur grand nombre lui offrirait une résistance opiniâtre et difficile à briser lorsqu'ils agiraient de concert et uniraient leurs efforts, il résolut de semer au milieu d'eux, en leur enseignant la superstition, un prétexte éternel d'incessantes discordes. Les différents animaux qu'il proposa à la vénération et au culte de leurs différentes tribus étaient de ceux qui, ennemis les uns des autres, se font la guerre et sont d'un naturel à se manger entre eux. Chaque tribu voulant défendre les siens, aucune ne voulant tolérer qu'on maltraitât ceux qu'elle avait acceptés, les Égyptiens furent entraînés à leur insu, par les inimitiés qui mettent aux prises les fauves, à se faire entre eux une guerre indéfinie[1]. Ainsi, de nos jours encore, les Lyco-

toutes les conclusions de l'école anthropologique contemporaine. Sur le totémisme en Égypte, cf. LORET, *L'Egypte au temps du totémisme*, 1906. Sur sa réfutation, G. FOUCART, *op. cit.*, p. 62-122.

1. Souvent, dit DIODORE DE SICILE, I, 89, « le peuple autrefois se révoltait contre ses chefs. Or, un des anciens rois d'une prudence remarquable divisa le pays en plusieurs provinces, et prescrivit à chacune l'animal que les habitants devaient vénérer et l'aliment

politains sont les seuls en Égypte qui mangent de la brebis à l'imitation du loup, qu'ils adorent comme un dieu. De nos jours, les Oxyrrinchites, parce que les Cynopolitains avaient mangé de l'oxyrrynque, prirent des chiens, les immolèrent et les mangèrent comme victimes. De là naquit une guerre dans laquelle ces deux peuples eurent l'un de l'autre terriblement à souffrir. Dans la suite, ce différend fut réglé par les Romains, qui les châtièrent[1].

dont ils devaient s'abstenir. De cette manière les uns méprisent ce que les autres ont en honneur, et jamais les Égyptiens ne peuvent s'entendre entre eux. Ceci est confirmé par les faits ; car tous les habitants voisins sont constamment en querelle par suite des différences que nous avons signalées. » Les Tentyrites, raconte aussi Élien, *Nat. anim.*, X, 24, en parlant des différentes tribus égyptiennes qui révèrent différents animaux, « vénèrent l'épervier. Mais les habitants de Coptos, qui honorent le crocodile, pensent affliger les Tentyrites, ennemis des crocodiles, en crucifiant des éperviers ».

1. « Entre deux villes voisines, dit Juvénal, *Satyre* XV, Coptos et Tentyra, règne encore une ardente inimitié, une haine immortelle, plaie profonde que rien ne saurait guérir. Cet excès de fureur, chez les deux peuples, vient de ce que chacun abhorre les dieux de l'autre. » Le récit d'une bataille féroce, motivée par cette haine implacable et survenue de son temps, est narré dans les vers qui suivent, 31-92. Sur la persistance de ces inimitiés motivées par le culte rendu aux animaux, cf. Amélineau, *Proleg. à l'étude de la relig. égyptienne*, p. 242, note 1.

73. Plusieurs auteurs prétendent que l'âme de Typhon fut comme déchirée en tous ces animaux. Ce mythe donnerait à entendre que toutes les natures brutales et féroces sont le patrimoine de ce mauvais génie, et que c'est pour l'adoucir, pour l'apaiser que l'on respecte et que l'on honore ces différents animaux. Ainsi, lorsque survient une sécheresse torride et pernicieuse, qui amène avec soi des maladies excessivement désastreuses, ou d'autres calamités extraordinairement imprévues et étranges, les prêtres choisissent quelques-uns de ces animaux révérés et les emmènent dans les ténèbres, en s'entourant de silence et de calme. Ils essayent d'abord de les effrayer par des menaces. Si le fléau persiste, ils les prennent comme victimes et les égorgent, soit pour châtier ainsi le mauvais génie, soit simplement pour accomplir une grande expiation en de très grands malheurs. Bien plus, dans la ville d'Ilithyie[1], Manéthon rapporte qu'on

---

1. Ilythyie, ou la ville de la Déesse qui préside aux accouchements, était une cité, au témoignage d'Étienne de Byzance, du district de Thèbes. Sur les sacrifices que les Ioniennes faisaient à Délos, brûlant les cendres des victimes et les répandant sur un sépulcre, pour obtenir de faciles enfantements, cf. HÉRODOTE, IV, 35. Ilythyie avait pour déesse locale Nekhabit, ainsi nommée à cause

brûlait vifs des hommes appelés Typhoniens, et que, passant ensuite leur cendre dans un crible, on la faisait disparaître en la semant au vent. Cette sorte d'expiation se pratiquait en public, à époque fixée, pendant les jours caniculaires. Par contre, les consécrations sacrificatoires des animaux vénérés étaient tenues secrètes, et avaient lieu à des époques irrégulières et selon les circonstances. La multitude n'était avertie que de leurs funérailles. Les prêtres alors désignaient quelques victimes appartenant à des espèces différentes ; et, en présence de tout le monde, ils les jetaient dans le même tombeau, persuadés par là qu'ils affligeaient Typhon et entravaient la joie qu'il ressent de la mort des animaux sacrés[1].

du lotus qui symbolisait hiéroglyphiquement l'Égypte du Sud dont elle était la protectrice. Cf. SOURDILLE, *op. cit.*, p. 126, 394, note 2. Sur le sacrifice en Égypte des hommes et des animaux typhoniens, cf. E. LEFÉBURE, *Le sacrifice humain d'après les rites de Busiris et d'Abydos*, dans *Sphinx*, t. III, p. 129 sqq.

1. Non seulement, en cas de calamité, on s'en prenait aux animaux sacrés, mais on allait même jusqu'à menacer Osiris. Dans un texte appartenant à la magie égyptienne, le magicien, pour exercer une pression violente sur le dieu, lui fait cette menace : exauce-moi, « sinon je descendrai dans les arcanes d'Osiris, et je briserai le cercueil et le jetterai pour qu'il soit emporté par le fleuve ». Cf. MASPERO, *Sur deux « tabellæ devotionis »*, dans le t. II de ses *Etudes de Mythol. et d'Archéol.*, p. 297-303.

Les Égyptiens, en effet, regardent Apis et quelques autres, comme consacrés à Osiris; mais la plupart des animaux, ils les attribuent à Typhon. Si cette répartition est vraie, je pense que le cérémonial dont il vient d'être question doit se répéter aux obsèques des animaux qui sont reconnus et honorés en commun par tous les peuples de l'Égypte, comme l'ibis, l'épervier, le cynocéphale[1], Apis lui-même, car c'est ainsi qu'on appelle le bouc qu'on entretient à Mendès[2].

74. Il reste comme derniers motifs de ce culte, l'utilité de ces animaux et leur valeur symbolique. Quelques-uns d'entre eux ne sont qu'utiles ou

---

1. Les Cynocéphales, dit Diodore, III, 34, « sont semblables par le corps à des hommes difformes, et leur cri est un gémissement de voix humaine ». « Sous les Ptolémées, nous dit Élien, *Nat. anim.*, VI, 10, les Égyptiens apprirent aux Cynocéphales à lire, à danser, à jouer de la flûte et de la cithare. » Le cynocéphale était consacré à Thot. Les monuments de l'Égypte nous les montrent adorant, saluant et chantant le soleil levant et couchant.

2. « En égyptien, dit Hérodote, II, 46, Mendès veut dire à la fois bouc et Pan. » Le culte qu'on lui offrait était un honneur que l'on rendait au principe de la génération qu'il représentait. Cf. Diodore de Sicile, II, 84, 88. Le bouc de Mendès était « l'âme d'Osiris ». Si Plutarque appelle Apis le bouc de Mendès, c'est que ce dieu, figuré parfois sur les monuments égyptiens sous les traits d'un bélier, était bien réellement un bouc. Sur cette confusion, cf. Sourdille, *op. cit.*, p. 165-166 et note 1.

symboliques ; les autres sont à la foi symboliques et utiles. Le bœuf, la brebis, l'ichneumon[1] ont été manifestement honorés à cause de leur utilité et des services qu'ils nous rendent. Pour un semblable motif, ceux de Lemnos ont un culte pour les alouettes huppées, parce qu'elles découvrent les œufs des sauterelles et les cassent. Les Thessaliens révèrent les cigognes parce qu'étant soudainement apparues au moment où la terre avait fait sortir quantité de serpents, ces oiseaux les firent tous périr. En conséquence les Thessaliens édictèrent une loi qui condamnait à mort quiconque tuerait une cigogne[2]. Pour revenir aux Egyptiens, s'ils ont encore un culte pour l'aspic, la belette, l'escarbot, c'est qu'ils

1. Vulgairement appelé *mangouste* et *rat de Pharaon*. « l'ichneumon, dit Diodore de Sicile, I, 87, épiant l'instant de la ponte des crocodiles, brise leurs œufs uniquement pour rendre service à l'homme, puisqu'il n'en tire lui-même aucun profit ; sans lui, le nombre des crocodiles serait si grand, que le Nil deviendrait inabordable ». Sur l'ichneumon, réputé mâle et femelle, et sur la façon dont les pères deviennent des mères, cf. Élien, *Nat. anim.*, X, 47 ; voir aussi E. Lefébure, *Les dieux du type rat dans le culte égyptien*, dans *Sphinx*, VI, p. 192-195.

2. « Les Égyptiens, dit Élien, *Nat. anim.*, X, 16, vénèrent les cigognes, parce qu'elles nourrissent leurs parents quand ils sont vieux et les entourent de respect. » Voir aussi Porphyre, *De abst.*, III, 11.

voient en eux certaines images atténuées, comme celle du soleil dans une goutte d'eau, de la puissance des dieux. Ainsi, pour la belette, beaucoup de gens croient et affirment encore que cet animal conçoit par l'oreille et enfante par la bouche, ce qui est une image de la génération de la parole. Quant à l'escarbot, on prétend que son espèce ne possède point d'escarbots femelles, que tous sont mâles[1] et qu'ils déposent leur semence dans une sorte de matière qu'ils façonnent en forme de sphère et qu'ils roulent en la poussant avec leurs pattes de derrière, imitant en cela le cours du soleil qui, en se portant d'occident en orient, semble suivre une direction contraire à celle que suit le ciel[2]. Pour ce qui est de l'aspic[3], comme il ne vieillit point,

1. Plutarque nous a dit plus haut, parag. 10, que les anneaux des membres de la caste militaire avaient pour cachet la figure de l'escarbot ou du scarabée. Il nous en donne ici la raison : c'est que l'escarbot désignait l'homme mâle ou courageux. Sur l'anneau des gens de guerre et sur la force mâle qu'il symbolisait, voir aussi ÉLIEN, *Nat. anim.*, X, 15.

2. Les Égyptiens croyaient que le Soleil nocturne voguait de l'Ouest à l'Est, par le Nord.

3. L'aspic des Égyptiens s'appelait *uraeus*. ARISTOTE, *Hist. anim.*, VIII, 9, dit qu'on faisait avec ce serpent un poison contre lequel on ne connaissait point de remède. Il est dit aussi dans ÉLIEN, *Nat. anim.*, XI, 38, que les rois d'Égypte portaient dans leur diadème

et que, sans avoir des organes de locomotion, il se meut avec facilité et souplesse, on le compare à un astre.

75. Le crocodile[1] aussi n'est pas honoré sans qu'il y ait à cela une raison plausible. On dit en effet qu'il est l'image de Dieu, parce qu'il est le seul animal qui n'ait point de langue. La raison

---

l'image d'un aspic tacheté, pour signifier l'invincibilité de leur pouvoir. On le voit aussi parfois sur la tête d'Isis. Trente jours environ avant la crue du Nil, raconte encore Élien, *op. cit.*, V, 52, les aspics quittent les rives du fleuve et se rendent loin du Nil avec leurs petits. Ils s'arrêtent à l'endroit où les eaux doivent arrêter leur plein. Sur la façon dont les Égyptiens apprivoisaient ce reptile, sur sa morsure, cf. Élien, *op. cit.*, XVII, 5, IX, 61, I, 54. Sur l'aspic-uraeus, cf. Maspero, *Hist. anc. des peuples,* t. I, p. 33.

1. Pour tels Égyptiens, dit Hérodote, II, 69, le crocodile est sacré ; pour tels autres, il ne l'est pas ; ceux-ci le traitent en ennemi. Autour de Thèbes et du lac Mœris, les habitants estiment qu'il est sacré. Chacun d'eux élève un crocodile que l'éducation apprivoise. Ils lui passent dans les oreilles des pendants et des boucles de cristal et d'or ; ils entourent de bracelets ses pattes de devant ; ils lui donnent des aliments choisis provenant des sacrifices. Enfin, vivant, ils le soignent de leur mieux ; mort, ils l'embaument et l'inhument dans des sépultures consacrées. » Pour Diodore de Sicile, I, 89, les crocodiles sont sacrés parce que ce sont ces animaux qui présentent la meilleure défense du pays. Les brigands de l'Arabie et de la Libye n'osent, à cause du grand nombre de ces animaux, traverser ce fleuve à la nage. Il n'en serait pas ainsi si les chasseurs leur faisaient une chasse trop acharnée. » Sur les crocodiles, cf. Élien. *op. cit.*, II, 33 ; Diodore, I, 35.

divine, effectivement, n'a point besoin pour se manifester d'articuler des sons : « *marchant sur un chemin silencieux, elle conduit selon l'équité toutes les choses mortelles*[1]. » On dit encore que c'est le seul animal qui, vivant dans l'eau, ait les yeux couverts d'une membrane légère et transparente qui lui descend du front, de sorte qu'il peut voir sans être vu, ce qui est aussi le privilège du premier des Dieux. L'endroit de la contrée où la femelle dépose ses œufs se tient à la limite du débordement du Nil. Les mères, en effet, ne pouvant pondre dans l'eau, et craignant d'autre part de pondre trop loin, ont un exact pressentiment de l'avenir. Tout en se tenant après leur ponte et pendant leur couvée dans les eaux du fleuve voisin, elles conservent leurs œufs à sec et à l'abri de la crue[2]. Elles en pondent soixante ; elles mettent autant de jours à les faire éclore, et les crocodiles qui deviennent les plus vieux vivent pendant un même nombre

---

1. Cf. EURIPIDE, *Les Troyennes*, v. 887.
2. Cette observation relative au débordement du Nil et à la perspicacité du crocodile est aussi rapportée par PLINE, VIII, 25, et par ÉLIEN, *Nat. anim.*, V, 42. D'après ce dernier auteur, *op. cit.*, X, 21, le crocodile porte ses œufs pendant 60 jours, en pond 60, les couve 60 jours ; il a 60 vertèbres, 60 dents, et il vit 60 ans.

d'années. Or le nombre soixante est la première unité de mesure dont les astronomes se servent[1].

Parmi les animaux qui sont honorés parce qu'ils sont à la fois utiles et symboliques, nous nous sommes plus haut expliqué sur le chien[2]. Quant à l'ibis[3], outre qu'il détruit les reptiles dont les morsures sont mortelles, il nous enseigna le premier l'usage du lavement curatif, en nous faisant voir de quelle manière il prend des clystères et se purge lui-même[4]. D'autre part,

1. Il est à remarquer, écrit R. ALLENDY, dans le *Symbolisme des Nombres*, p. 391, « que pour les peuples qui mesurent l'année par lunes, la coïncidence avec l'année solaire revient par un cycle de 60 ans. En outre, les périodes de 60 jours jouaient un rôle important dans la mesure du temps, correspondant à une saison des Indiens et des Chinois, et à une demi-saison des Égyptiens. » Sur le calendrier égyptien, cf. CHAMPOLLION-FIGEAC, *L'Egypte ancienne*, p. 234 sq.

2. Sur le culte du chien en Égypte, cf. ÉLIEN, *Nat, anim.*, X, 45.

3. L'ibis, dit DIODORE DE SICILE, « rend de grands services en détruisant les serpents, les sauterelles et les chenilles. » Voir aussi HÉRODOTE, II, 75-76. Les Ibis, nous dit encore HÉRODOTE, II, 57, étaient ensevelis à Hermopolis, la ville d'Hermès ou de Thot.

4. « Pour prévenir les maladies, dit DIODORE DE SICILE, I, 82, les Égyptiens traitent le corps par des lavements, par la diète et des vomitifs. Les uns emploient journellement ce moyen ; les autres n'en font usage que tous les trois ou quatre jours. Car ils disent que l'excédent de la nourriture ingérée dans le corps ne sert qu'à engendrer des maladies. »

les prêtres les plus scrupuleux à l'égard des rites prennent pour se purifier, l'eau dans laquelle se désaltéra l'ibis, car il n'en boit jamais qui soit malsaine ou corrompue ; il ne s'en approche même pas[1]. L'écartement de ses pieds par rapport à son bec détermine un triangle équilatéral. Enfin la variété, la disposition et le mélange de ses plumes noires et blanches offrent une image de la lune arrondie aux trois quarts[2].

Il ne faut pas s'étonner si les Égyptiens se sont ainsi contentés de ces pauvres traits de ressemblance. Les Grecs aussi, dans les images peintes et sculptées de leurs dieux, se sont servis maintes

1. Sur la façon dont l'ibis s'abreuve et se purifie, cf. ÉLIEN, *Nat. anim.*, II, 35, et VII, 45.
2. L'ibis, d'après ÉLIEN, *Nat. anim.*, II, 38, dont la démarche est grave et comparable à celle d'une vierge, était consacré à la Lune. Dans le même traité, le même auteur nous dit, X, 28, qu'il était cher à Hermès, le dieu Thot égyptien, parce que les plumes noires de ses ailes sont comparables au discours qui n'a pas été prononcé, qui se tient encore dans notre recueillement intérieur, et que ses plumes blanches sont le symbole du discours proféré, entendu, de ce discours qui est le serviteur et le messager de la parole intérieure. D'autre part, quand l'ibis ramène sa tête et son cou sous ses ailes, il prend alors la figure d'un cœur, et c'est par un cœur que les Égyptiens représentaient hiéroglyphiquement l'Égypte. Il dévore aussi, ajoute Élien, les scorpions et les serpents. Cf. J.-E. SAVIGNY, *Hist. naturelle et mythologique de l'ibis*.

fois de rapprochements du même ordre. En Crète, par exemple, il y avait une statue de Zeus sans oreilles. Il ne sied point en effet au chef et au souverain seigneur de toutes choses d'apprendre quoi que ce soit d'aucun homme. A la statue d'Athèna, Phidias ajouta un dragon, et à celle d'Aphrodite d'Élide, une tortue, comme pour signifier que les vierges ont besoin d'être gardées et que le silence et la vie au sein du foyer conviennent aux femmes mariées[1].

Le trident de Poséidon est le symbole de la troisième région qui est celle que la mer, mise à son rang, occupe après le soleil et la terre[2], et c'est du mot τρίτος, *troisième*, que proviennent les noms donnés à Amphitrite et aux Tritons.

De leur côté, les Pythagoriciens ont gratifié les nombres et les figures géométriques de dénominations de Dieux. Ils ont donné au triangle équilatéral le nom d'Athèna née du cerveau de Zeus

1. Sur cette tortue que Phidias ajouta à son Aphrodite d'Élide et sur sa signification, voir aussi PLUTARQUE, *Préceptes conjugaux*, 32. « Les Égyptiennes, avait-il dit dans le même traité, 30, d'après une loi de leur pays, n'avaient pas le droit de porter des chaussures : c'était pour qu'elles gardassent la maison toute la journée. »

2. Quand, après la mort de Cronos, l'héritage du monde universel fut partagé en trois lots, Zeus obtint la souveraineté du Ciel, Hadès celle du monde d'en bas, et Poséidon, celle de l'Océan.

et appelée Tritogénie[1], parce que les perpendiculaires abaissées des trois angles sur les bases les divisent en parties égales. L'unité fut par eux appelée Apollon, parce que ce nom exclut la multiplicité et affirme la simplicité de la monade[2]. La dyade a reçu le nom de Discorde et d'Audace[3], et le nombre trois, celui de Justice, car entre le dommage apporté et le dommage reçu tant par défaut que par excès, la Justice tient le milieu et établit l'égalité[4]. Quant au nombre appelé

1. On fait habituellement dériver cette épithète d'Athèna d'un vieux mot du dialecte éolien, τριτώ qui signifiait *tête*, et de γενός, *naissance*. D'autres prétendent que ce qualificatif vient de Τρίτων ou de *mer* et qu'il signifie *née de la mer*. Mais, dans l'acception que lui donnent ici les Pythagoriciens, cette épithète appliquée au triangle nous paraît signifier *née du ternaire*, et le Ternaire, dit THÉON DE SMYRNE, dans son *Exposition des connaissances mathématiques*, II, 42, édit. Dupuis, « représente la première nature du plan, il en est comme l'image, car la première forme du plan est le triangle. » Cf. A. DELATTE, *Etudes sur la littérature pythagoricienne*, p. 148.

2. Le nom même d'Apollon exclut la multiplicité, car il signifie ἀ, *sans*, πολύς, *plusieurs*. Cf. A. DELATTE, *Etudes sur la littérature pythagoricienne*, p. 144.

3. La dyade, ou le binaire, est le principe de la différenciation, de l'opposition, de la division, et par suite de la matérialité. Cf. R. ALLENDY, *Le symbolisme des Nombres*, chap. II ; A. DELATTE, *op. cit.*, p. 144 sq.

4. Le mal est un excès ou un défaut, car la perfection pour une chose consiste à avoir tout ce qu'il lui faut avoir, ni plus ni moins,

quaternaire, à savoir trente-six, nombre qui est, comme partout on le répète, leur serment le plus sacré, ils l'appellent l'Univers ; il se compose de la somme des quatre premiers nombres pairs, et de celle des quatre premiers nombres impairs additionnés ensemble [1].

76. Ainsi donc, si les plus estimés d'entre les sages, dès qu'ils eurent remarqué dans les objets inanimés et dans les choses inorganiques quelque mystérieux rapport avec la divinité, ne crurent pas devoir les négliger, les mépriser, à plus forte raison, me semble-t-il [2], durent-ils respecter les particularités qui, dans des créatures sensibles,

ce qui est le principe de la Justice. Le bien, ou la Justice appliquée à un être donné, est donc un milieu ou moyen terme entre deux termes contraires. Sur le ternaire, cf. R. ALLENDY, *op. cit.*, chap. III.

1. Les Pythagoriciens donnaient le nom de quaternaire à deux nombres. Le petit quaternaire était le nombre 4, considéré soit comme le groupe que forment les quatre premiers nombres, soit comme équivalent à leur somme qui est 10. Le grand quaternaire était 36 ; il était formé de 8 nombres, c'est-à-dire par l'addition de la somme des 4 premiers nombres impairs à la somme des 4 premiers nombres pairs, ce qui donne 36. Le quaternaire était pour eux le grand serment, la clef de leur interprétation du monde ; car ils voyaient en lui *la source et la racine de l'éternelle Nature.* Cf. A. DELATTE, *op. cit., La Tétractys pythagoricienne* ; E. CHAIGNET, *Pythagore*, t. II, p. 117 sq. ; R. ALLENDY, *op. cit.*, chap. IV.

2. Je suis ici les textes de Parthey et de Dübner.

douées de vie, d'inclinations et de mœurs, leur présentaient, selon leur façon d'être, quelque analogie avec l'Être divin. Il faut donc approuver, non pas ceux qui les adorent, mais ceux pour qui ces êtres sont une occasion d'adorer le divin, et qui à bon droit les regardent comme les plus clairs miroirs de la Divinité qu'engendre la nature, comme les instruments et les œuvres d'art de ce Dieu qui ne cesse point de régir et d'ordonner toutes choses[1].

Il est juste en effet de penser que les substances inanimées et insensibles ne peuvent être d'une nature supérieure aux êtres animés et sensibles, pas même si on rassemblait en un même monceau tout ce qu'il y a d'or et d'émeraudes dans le monde. Effectivement, ce n'est ni dans l'éclat des couleurs, ni dans l'élégance des formes, ni dans le poli des surfaces que le divin réside. Bien plus, tout ce qui n'a pas eu vie, tout ce qui n'a pas été créé pour

1. « Si on voit avec l'école de Pythagore, écrit G. LAFAYE, *op. cit.*, p. 70, 105, une manifestation de la Divinité dans la propriété des nombres et des figures géométriques, c'est-à-dire dans de pures abstractions, à plus forte raison doit-on adorer Dieu dans celles de ses œuvres qu'il a animées de son souffle. » Sous les formes d'animaux, dit à son tour Porphyre, « les Égyptiens adorent l'universelle puissance que les dieux ont révélée sous les formes variées de la nature vivante. »

vivre, en est réduit à un état moins estimable que ce qui est mort. Mais une nature qui vit, qui voit, qui tire d'elle-même le principe de son mouvement, qui discerne ce qui lui est propre de ce qui lui est étranger, a attiré en elle et reçu une émanation de la beauté et une portion de cette intelligence qui, selon Héraclite, « *gouverne le grand Tout*[1] ». Il résulte de là que la Divinité n'a pas moins bien imprimé sa ressemblance en de telles créatures que dans les statues de bronze et de pierre que font les mains des hommes. Leurs œuvres peuvent, il est vrai, reproduire le dégradé des teintes et la légèreté des couleurs naturelles, mais elles demeurent par nature privées de tout sentiment et de toute intelligence.

De tout ce qui a été dit sur le culte rendu aux animaux, voilà ce que j'estime être le plus raisonnable[2].

1. « La sagesse est une seule chose, dit Héraclite, *frag.*, 41, édit. Diels. Elle consiste à connaître la pensée par laquelle toutes choses sont gouvernées. » Sur les rapports de la philosophie d'Héraclite et de la pensée égyptienne, cf. J.-A. Faure, *L'Egypte et les présocratiques*, p. 102-128.

2. Plutarque, bien que s'expliquant longuement sur le culte que les Égyptiens rendaient aux animaux, ne nous dit rien de la raison profonde de ce culte, dont il désapprouve l'excès. D'après les anciens, en effet, le culte des animaux était l'objet en Égypte d'une

77. Les vêtements d'Isis sont teints de toutes sortes de couleurs bigarrées[1], parce que son pouvoir s'étend sur la matière qui reçoit toutes les formes et qui subit toutes les vicissitudes, puisqu'elle est susceptible de devenir, lumière, ténè-

---

doctrine secrète. « Si je disais pourquoi les animaux sont sacrés, dit HÉRODOTE, II, 65, je m'enfoncerais dans les choses divines, choses que j'évite surtout de raconter. » DIODORE DE SICILE dit aussi, II, 86 : « Le culte étonnant et incroyable que les Égyptiens rendent aux animaux offre de grandes difficultés à qui en recherche les causes ; les prêtres ont sur ses causes une doctrine secrète. » Enfin, ORIGÈNE, *Cont. Cels.*, I, 20, nous parle de *commentaires* qui établissent chez les Égyptiens « le caractère raisonnable aussi bien qu'abscons et mystique de ce culte divin. » Quant au moderne totémisme, s'il prétend pouvoir, d'une façon contestable et contestée, nous renseigner sur les origines de la *zoolâtrie officielle*, il ne nous renseigne pas du tout, écrit F. VIREY, *La Religion de l'ancienne Egypte*, p. 37-38, sur l'origine de certaines *croyances populaires*, sur l'origine du culte rendu à une autre classe des animaux sacrés, « qui furent divins aussi, pas tout à fait au même titre que ceux qui incarnaient les dieux, mais comme incarnations des ancêtres défunts, comme demeures des esprits des morts. » Sur la nécessité qui porta les Égyptiens à incarner leurs dieux dans un être différent de la structure humaine, cf. G. FOUCART, *op. cit.*, p. 77 sqq. Voir aussi LAFAYE, *op. cit.*, p. 104-107.

1. Tissée avec du lin d'une extrême finesse, la robe d'Isis, nous dit APULÉE, *Métam.*, XI, était multicolore. Tantôt elle se nuançait d'une blancheur éclatante ; tantôt elle était du jaune de la fleur de safran, et tantôt elle était enflammée par un pourpre rosé. Son manteau frangé était constellé d'étoiles et tout entier recouvert d'une broderie, représentant toutes sortes de fleurs et de fruits.

bres ; jour, nuit ; feu, eau ; vie, mort ; commencement et fin. Mais la robe d'Osiris ne présente ni ombre ni variété ; elle n'a qu'une seule couleur pure, celle de la lumière. Le principe en effet est vierge de tout mélange, et l'Être primordial et intelligible est essentiellement pur. Aussi les prêtres ne revêtent ils qu'une seule fois Osiris de sa robe ; puis ils la mettent en réserve et la gardent sans la montrer ni la toucher. Quant aux vêtements d'Isis, on s'en sert très souvent, car les choses matérielles perceptibles à nos sens, étant d'un usage courant et toujours à notre portée, nous donnent, au cours de leurs changeantes modalités, maintes occasions de les voir et de les manipuler. Mais la vision de l'Être qui n'est qu'intelligence, lumière, sainteté, comme un éclair qui brille au travers de notre âme, ne peut jamais être obtenue et aperçue qu'une seule fois[1]. Voilà pourquoi Platon et Aristote donnent à cette partie de la philosophie le nom d'*époptique* ou de *contemplative*. Ils veulent ainsi nous faire entendre

1. Une fois que l'âme enfermée dans le corps, disent les *Livres Hermétiques,* p. 226, trad. L. Ménard, s'est élevée à la perception du vrai bien et de la vérité, elle ne peut plus redescendre. La puissance de l'amour, l'oubli de toutes les choses mauvaises, empêchent l'âme qui connaît son créateur de se séparer du bien.

que ceux qui ont franchi avec l'aide de la raison le mélange confus de toutes espèces d'opinions s'élancent vers cet Être premier, simple et immatériel, parviennent sans intermédiaire à la pure vérité qui est autour de lui, et pensent ainsi avoir atteint, comme dans l'initiation, la fin suprême de la philosophie[1].

1. Je lis avec Dübner, οἷον ἐν τελευτῇ, au lieu de οἷον ἐντελῆ, que donne Bernardakis. Aristote, comme Platon, place la félicité dans la pratique des vertus morales, et surtout dans la contemplation de l'immuable et de l'éternel objet de la pensée pure. En contemplant Dieu, on devient dieu soi-même. Voir à ce propos le Xe livre de l'*Ethique* et les fragments qui nous restent de son Προτρεπτικός. Platon, dans tous ses ouvrages, a souvent comparé l'acquisition de la philosophie à la sainte vertu des initiations. Par des voies différentes, leur résultat aboutit à une fin identique : l'union à Dieu. Dans le *Banquet*, 210 A, p. 157 et 158 de notre traduction, dans *Phèdre*, 249 C, 250 AB, p. 104-110 de notre traduction, Platon établit un parallélisme étroit entre la méthode philosophique et la vertu initiatique. Plutarque, dans son traité *De prof. in virt.*, X, édit. Didot, nous dit ceci : « Ceux qui s'en vont se faire initier, se rassemblent d'abord en désordre, en se précipitant les uns sur les autres et en jetant de grands cris. Mais, lorsqu'ils ont achevé leur course, et qu'on leur a montré les objets sacrés, ils se remplissent de silence et de crainte. De même, aux portes de la philosophie, tu vois d'abord un grand tumulte, du bavardage, de l'arrogance, car quelques-uns se jettent sur une doctrine grossièrement et violemment. Mais celui qui entre, il voit, comme quand s'ouvre le sanctuaire aux initiés, une grande lumière ; il change d'attitude, devient silencieux et étonné, et s'attache humblement à la raison, comme à Dieu. »

78. Mais il est une autre croyance qui inspire aux prêtres d'aujourd'hui une terreur sacrée ; ils la cachent avec soin et ne la dévoilent qu'avec une grande réserve. Cette croyance est qu'Osiris commande et règne chez les Morts, et qu'il n'est point autre que le Dieu appelé par les Grecs, Hadès et Pluton. Dans l'ignorance où est la multitude de la façon dont elle peut être vraie, cette croyance la trouble ; elle se figure qu'Osiris, ce dieu pur et saint[1], réside véritablement dans la terre et sous la terre, là où sont ensevelis les corps de ceux qui paraissent avoir cessé d'exister. Mais ce dieu habite le plus loin possible de la terre[2].

1. Allusion à l'étymologie que Plutarque a donnée plus haut du nom d'Osiris, qu'il fait dériver de ὅσιος, *saint*, et de ἱερός, *sacré*.

2. Dans la mythologie, en effet, écrit P. Virey, *Religion de l'ancienne Egypte*, p. 163, Osiris, « tout roi des morts qu'il est, personnifie tout ce qui meurt *pour renaître*. Il est le Soleil qui meurt chaque soir pour renaître chaque matin ; il est aussi, il est surtout le Nil qui chaque année tantôt développe son pouvoir fécondateur en couvrant de ses eaux la terre noire d'Égypte, personnifiée par son épouse Isis; et tantôt repoussé par son ennemi Set ou Typhon, retire ses eaux et les voit s'évaporer ou se perdre dans le sol ; mais il laisse alors dans le sein de la terre la fécondité qui renouvellera la vie. Il est à la fois comme le Nil le principe de l'humidité, et comme le Soleil le principe de la chaleur, dont l'union au sein de la terre répare constamment les pertes constamment subies par la nature. Osiris est encore l'épi de blé sur sa tige, unie à la terre qui est son épouse Isis. La moisson est sa mort ; l'épi est dépecé comme

Inaltérable et incorruptible, il reste étranger à toute substance susceptible de recevoir la corruption et la mort. Les âmes des hommes, tant qu'elles sont ici-bas contenues dans les liens du corps et soumises aux passions, ne jouissent d'aucune participation avec Dieu; ils n'y ont part qu'autant que le leur permet, par l'intermédiaire de la philosophie et comme à travers un songe indistinct, l'illumination de leur intelligence. Mais lorsque, dégagées de leurs liens, les âmes échangent la terre contre un séjour immatériel, invisible, pur et affranchi du trouble des passions, ce même dieu devient alors leur chef et leur roi ; elles s'attachent à lui, le contemplent insatiablement et aspirent à cette beauté que les hommes ne sauraient exprimer ni qualifier. C'est de cette beauté qu'on nous raconte, dans un ancien récit, qu'Isis est constamment amoureuse; elle la poursuit, elle s'unit intimement à elle, et elle comble tous les êtres qui participent ici-bas de la génération, de toutes les beautés et de tous les biens.

le corps d'Osiris a été dépecé par Typhon ; mais de la graine que l'humidité décompose dans la terre, va sortir une plante nouvelle, Horus, réparateur de son père, et vainqueur de Set ou Typhon. ̤ Pour Plutarque, Osiris s'est identifié à Dieu ; et s'il juge les morts, cela ne veut point dire qu'il réside avec eux. Les morts ne sont que des vivants ayant changé d'état, et Osiris est la vie souveraine.

Telles sont les interprétations les plus convenables à la nature des Dieux, qu'on puisse donner de ces pratiques.

79. S'il faut aussi parler, comme je l'ai promis, des parfums qu'on brûle chaque jour, il sied avant tout de remarquer que les Égyptiens ont toujours réglé avec le plus grand soin les prescriptions concernant la santé, et que dans leurs pratiques religieuses, surtout dans leurs purifications et dans leurs régimes, ils n'ont pas moins visé à la sainteté qu'à la santé[1]. Ils estimaient, en effet, qu'un être infiniment pur, exempt de toute tache et de toute altération, ne pouvait point être dignement honoré par des âmes et par des corps qui ne seraient pas profondément sains et exempts de toute maladie. En raison de cette croyance, comme l'air que nous respirons le plus souvent et au milieu duquel nous vivons n'a pas toujours les mêmes qualités ni la même température, mais que la nuit il se condense, pèse sur le corps

---

1. Les Égyptiens, nous dit Diodore de Sicile, vénéraient Isis comme une déesse qui possédait une grande expérience de la science médicale, qui se plaisait à guérir les maladies, et qui trouva beaucoup de remèdes utiles à la santé. Elle se montrait aux souffrants pendant leur sommeil, et leur apportait des soulagements qui les guérissaient.

et communique à l'âme une sorte de découragement et d'inquiétude qui la rendent comme assombrie et lourde, les prêtres, aussitôt leur lever, brûlaient de la résine. Ils pensaient ainsi assainir l'air et le purifier par l'émanation que ce parfum dégage, ranimer l'âme incluse dans le corps de son état d'engourdissement, car le parfum de la résine possède une vertu violente et stimulante.

Plus tard, à midi, à l'heure où ils sentaient que le soleil en toute sa force tire du sein de la terre des exhalaisons pesantes et multiples et les mélange avec l'air, ils brûlaient de la myrrhe. La chaleur de ce parfum en effet dissout et dissipe les exhalaisons qui montent de la boue et de la fange et se condensent dans l'air. Les médecins d'ailleurs croient efficacement lutter contre les fléaux contagieux en allumant de grands feux, comme pour rendre l'air plus léger. Et ils le rendent d'autant plus léger qu'ils brûlent des bois odoriférants, tels que le cyprès, le genévrier et le pin. C'est ainsi, raconte-t-on, que dans la peste violente qui ravagea Athènes, le médecin Acron[1]

---

1. Acron fut un célèbre médecin qui naquit à Agrigente, en Sicile. Il exerça sa profession à Athènes, ce qui le fit passer pour Athénien. Il vivait avant Hippocrate, et PLINE, XXIX, 1, dit qu'il

s'acquit un grand renom, en ordonnant de faire brûler du feu à côté des malades. Ainsi faisant, il en guérit un grand nombre. Aristote[1] dit que les odorantes exhalaisons des parfums, des fleurs et des prairies ne contribuent pas moins à la santé qu'au plaisir, parce que ces exhalaisons, par leur chaleur et par leur velouté, épanouissent doucement le cerveau naturellement froid et figé. S'il est vrai, en outre, que les Égyptiens donnent à la myrrhe le nom de *Bal,* et s'il faut interpréter ce dernier nom comme voulant dire *dissipation de la folie,* ce fait et cette interprétation constituent un témoignage nouveau de la raison d'un tel usage.

80. Le *Kyphi* est un parfum dont le mélange est composé de seize espèces de substances : de miel, de vin, de raisins secs, de souchet, de résine et de myrrhe, de bois de rose, de séséli ; on y

---

fut le chef des Empiriques, c'est-à-dire de ceux qui s'en rapportaient à la seule expérience. La peste dont parle ici Plutarque est celle qui ayant, dit-on, commencé en Éthiopie, descendit en Égypte, gagna la Libye, et une grande partie de la Perse, vint fondre sur l'Attique où elle fit de grands ravages, la deuxième année de la guerre du Péloponèse. THUCYDIDE, au livre II de son Histoire, et LUCRÈCE, au livre VI de son Poème, nous en ont laissé des descriptions saisissantes. Sur les bûchers que les Égyptiens allumaient dans les villes en temps d'épidémie, cf. ÉLIEN, *frag.*, 115, éd. Didot.

1. Cf. ARISTOTE, *Probl.*, XII, 12, et *De part. anim.*, II, 7.

ajoute du lentisque, du bitume, du jonc odorant, de la patience, et en plus de tout cela du grand et du petit genévrier — car il y en a deux espèces — du cardamome et du calame[1]. Ces divers ingré-

[1]. Dans sa recette pour composer le kyphi, Plutarque nous parle de seize ingrédients. Mais, chez les différents auteurs qui nous ont aussi parlé du kyphi, le nombre ou le nom des substances qui entrent en sa composition n'est jamais identique. Les Grecs nous ont laissé trois recettes : celle de PLUTARQUE qui comprend seize ingrédients, celle de GALIEN, *De Antidotis*, II, 2, qui en mentionne aussi seize, mais avec des changements dans les noms, et celle de DIOSCORIDE, *De materia medica*, I, 24, qui n'en comprend que onze. D'autres auteurs sont allés jusqu'à vingt-huit, trente-six, cinquante. Les Égyptologues ont découvert trois textes hiéroglyphiques qui nous ont transmis la formule égyptienne de la recette du kyphi : deux se trouvent à Edfou, et le troisième à Philae. Les deux textes d'Edfou sont, quant à la forme, assez différents l'un de l'autre ; celui de Philae n'est qu'une version presque littérale d'un des textes d'Edfou. Les Égyptiens y mélangeaient seize substances. « Si nous comparons le kyphi égyptien au kyphi grec, écrit V. Loret, nous obtenons le résultat suivant : Sur seize aromates, dix reviennent dans toutes les recettes grecques et égyptiennes, et ce sont justement les dix de Dioscoride : trois autres, la Cannelle, le Cinamome et le Lentisque, qui ne sont mentionnés que dans une seule recette grecque, sont cités dans les recettes égyptiennes. Enfin trois ingrédients ne se rencontrent que dans le texte égyptien, la Menthe, le Henné et le Mimosa. » Snr le kyphi, sur l'identification des ingrédients qui le composent, et sur une traduction simplifiée de la recette égyptienne « à l'usage de ceux qui auraient la curiosité de faire exécuter le kyphi », cf. V. LORET, *Le kyphi, parfum sacré des anciens Egyptiens,* dans le *Journal Asiatique,* 8ᵉ serie, t. X, juillet-

dients ne sont pas mêlés au hasard, mais selon
des formules indiquées dans les livres saints,
qu'on lit à ceux qui préparent ce parfum au fur
et à mesure qu'ils en mélangent les substances.
Quant au nombre de seize, s'il semble choisi tout
à fait à dessein, puisque c'est le carré d'un carré
et le seul nombre dont la figure, ayant tous les
côtés égaux, offre un périmètre d'un nombre
égal à celui de son aire, cette propriété n'importe pas cependant à l'effet attendu. Mais,
comme la plupart de ces substances mélangées
ont une vertu aromatique, il s'en dégage un
souffle suave et salutaire. Sous leurs influences
l'état de l'air est changé, et le corps, doucement
et agréablement effleuré par leurs émanations,
se laisse aller au sommeil et acquiert une disposition évocatrice[1]. Les afflictions et les contentions des inquiétudes quotidiennes se détendent
comme des liens et se dissipent sans le secours
de l'ivresse. La faculté imaginative de l'âme,
son aptitude à recevoir des songes devien-

---

août 1887, p. 76-132. Voir aussi G. PARTHEY, *Uber Isis und Osiris*,
1850, p. 277-280; REUTTER. *Les parfums égyptiens*, dans le *Bull. de
la Soc. franç. d'hist. de la Médecine*, XIII, 1910, p. 159 sq. et du même,
Des parfums égyptiens, dans *L'Homme préhistorique*, 1913, p. 218 sq.

1. Sur les parfums qui endorment, voir aussi APULÉE, *Apol.*, 43.

nent polies comme un miroir[1]. L'effet obtenu est aussi purifiant que celui qu'obtenaient, par le toucher de la lyre, les Pythagoriciens avant de se livrer au sommeil, apaisant et enchantant ainsi l'élément instinctif et passionné de leur âme[2]. Maintes fois en effet, les substances odorantes ont ranimé le sentiment qui s'évanouissait, et

1. La divination par les songes ou l'onéiromancie constituait pour les Pythagoriciens, le plus véridique des procédés divinatoires, JAMBLIQUE, *Vit. Pyth.*, XXIX, nous dit que c'est par la divination que les Pythagoriciens espéraient apprendre à connaître la volonté des dieux, et à s'y conformer. Or, pendant le sommeil, l'âme, débarrassée des entraves du corps, entrait en contact avec un monde différent de celui qui nous entoure à l'état de veille. Pour faciliter ce contact et en garder souvenir, les Pythagoriciens s'astreignaient à un certain régime. « Pythagore et Platon, dit en effet CICÉRON, *De Divin.*, II, 58, nous ordonnent, afin que nous puissions voir en nos rêves des choses plus certaines, de nous préparer au sommeil par un régime et une nourriture appropriés. » JAMBLIQUE, *op. cit.*, XXIV, 106, et PLUTARQUE, *Quaest, conviv.*, XIII, 10, donnent un conseil analogue. Mais suivre un régime n'était pas suffisant. Il fallait encore, nous dit JAMBLIQUE, *op. cit.*, XV, 65, « vers le soir, avant de se livrer au sommeil, éviter les conversations, éloigner les agitations et les bruits de la journée, purifier son intelligence troublée, se rendre calme et propre à recevoir des rêves salutaires, et écarter de soi des songes prophétiques. » Le rêve pour les Pythagoriciens, en effet, n'était pas un *présage*, mais un *colloque*, un *contact* avec une région supérieure. Cf. G. MÉAUTIS, *Recherches sur le Pythagorisme*, p. 30-32. Sur l'onéiromancie dans les cultes d'Isis et de Sérapis, cf. LAFAYE, *op. cit.*, p. 102-103.

2. Cf. JAMBLIQUE, *Vit. Pyth.*, XXV, 114.

maintes fois aussi elles ont, par leur douceur, apaisé et calmé ceux qui les absorbaient et les dissolvaient en leur corps. L'effet provoqué était semblable à celui dont parlent quelques médecins quand ils affirment que le sommeil survient lorsque les exhalaisons de la nourriture s'étendent comme en rampant autour des intestins, paraissent les tâter doucement et y déterminent une sorte de chatouillement délicat. Aussi, les Égyptiens se servent-ils du *Kyphi* comme de breuvage et comme de mixture. Ils le boivent pour se purger l'intérieur, et ils l'emploient sous forme de mixture pour sa vertu laxative [1].

En laissant à part ces considérations, il faut encore remarquer que la résine et la myrrhe sont l'ouvrage du soleil, puisque ce sont les larmes que la chaleur du jour fait répandre aux végétaux. D'autre part, parmi tous les ingrédients dont se compose le *Kyphi*, il en est qui se plaisent davantage à la nuit, comme tous ceux qui sont

---

1. « Très attentifs à conserver leur santé, dit Hérodote, II, 77, chaque mois, trois jours de suite, les Égyptiens provoquent des évacuations en prenant des vomitifs et des clystères, car ils pensent que toutes les maladies de l'homme proviennent de la nourriture. » Sur la médecine égyptienne, cf. Maspero, *Revue critique*, 1876, t. I, p. 233-239.

destinés par nature à être alimentés par les vents frais, par l'ombre, par la rosée et par l'humidité. La lumière du jour, en effet, est une et simple, et Pindare dit qu'on voit le soleil « *à travers le désert de l'espace*[1] ». L'atmosphère de la nuit, par contre, est un composé et un mélange de plusieurs lumières, de diverses influences, qui, comme autant de germes, découlent de tous les astres, et se combinent en un seul amalgame. C'est donc avec raison que les Égyptiens brûlent pendant le jour de la résine et de la myrrhe, car ces parfums sont simples et ne doivent leur naissance qu'au soleil. Quant aux parfums composés, on les brûle au commencement de la nuit, car ils sont un mélange et un amalgame de toutes sortes de qualités différentes.

1. Cf. Pindare, *Olymp.* I, vers 9 et 10, tome I, p. 26 de l'édition Aimé Puech.

TABLE DES MATIÈRES

Avant-Propos. 9

Prolégomènes. 11

Isis et Osiris. 21

ACHEVÉ D'IMPRIMER PAR
L'IMPRIMERIE CH. CORLET
14110   CONDÉ-SUR-NOIREAU

N° d'Imprimeur : 4120
Dépôt légal : 2e trimestre 1979